Wolfgang Stammler

Schillers Anthologie-Gedichte, kritisch herausgegeben

Stammler, Wolfgang (Hg.)

Schillers Anthologie-Gedichte, kritisch herausgegeben

ISBN: 978-3-86741-406-7

Auflage: 1
Erscheinungsjahr: 2010
Erscheinungsort: Bremen, Deutschland

© Europäischer Hochschulverlag GmbH & Co KG, Fahrenheitstr. 1, 28359 Bremen (www.eh-verlag.de). Alle Rechte beim Verlag und bei den jeweiligen Lizenzgebern.

Bei diesem Titel handelt es sich um den Nachdruck eines historischen, lange vergriffenen Buches aus dem Verlag Marcus & Weber, Bonn (1912). Da elektronische Druckvorlagen für diese Titel nicht existieren, musste auf alte Vorlagen zurückgegriffen werden. Hieraus zwangsläufig resultierende Qualitätsverluste bitten wir zu entschuldigen.

Schillers Anthologie-Gedichte, kritisch herausgegeben

KLEINE TEXTE FÜR VORLESUNGEN UND ÜBUNGEN
HERAUSGEGEBEN VON HANS LIETZMANN

93

SCHILLERS ANTHOLOGIE-GEDICHTE

KRITISCH HERAUSGEGEBEN

VON

DR. WOLFGANG STAMMLER

BONN
A. MARCUS UND E. WEBER'S VERLAG
1912

Die Anthologie-gedichte des jungen Schiller entbehren bis jetzt, wie ja Schiller leider überhaupt, einer kritischen ausgabe, die den mannigfachen neuen funden seit GOEDEKE rechnung trägt; der neudruck der Anthologie durch FEDOR VON ZOBELTITZ (Berlin 1905) ist, ebenso wie der ältere durch E. BÜLOW (Heidelberg 1850), unbrauchbar, wie dies LEITZMANN in seiner wertvollen besprechung im Euphorion bd. XV, s. 217 ff. ausgeführt hat. Die dort aufgestellten prinzipien für eine kritische edition sind der folgenden ausgabe zugrunde gelegt, d. h. die orthographie ist von den setzerwillkürlichkeiten gereinigt worden (wobei ich mitunter weiter gegangen bin, als Leitzmann vorschlägt), die „unglaublich verworrene, rohe und vielfach bis zur sinnlosigkeit gehende" interpunktion aber habe ich energisch modernisiert und hoffe damit zum verständnis der gedichte wesentlich beigetragen zu haben.

Die lesarten verfolgen die überlieferung bis zu Schillers ersten gesamtausgaben (1800 ff.), in deren form die gedichte ja jetzt in jeder neueren sammlung vorliegen. Handschriften nochmals zu vergleichen, war mir nicht möglich; ich habe mich dabei auf die treue und zuverlässigkeit GÜNTTERS, HOEFERS, WELTRICHS und WITKOWSKIS verlassen müssen. Die reihenfolge der gedichte ist die der Anthologie; zur schnelleren orientierung ist am schlusse ein register nach den anfängen beigegeben. Im anhange habe ich vereinigt: Widmung und vorrede Schillers zur Anthologie, sowie seine selbstrezension im 'Wirtembergischen Repertorium'; willkommen ist vielleicht auch die vorrede des verlegers METZLER zur zweiten, ohne Schillers wissen veranstalteten auflage von 1798 (sonst für die textkritik wertlos), in der zuerst bestimmte chiffern für Schiller in anspruch genommen werden. Die streitfragen über die verfasserschaft habe ich nochmals genau durchgeprüft und lege darüber rechenschaft ab in dem verzeichnis der mitarbeiter nach chiffern und namen, das ich im anhang V gebe. Einzelliteratur anzuführen, hielt ich für überflüssig; nur bei einigen strittigen textstellen habe ich die belege für die verschiedenen anschauungen beigefügt. Im übrigen wird der interessierte leser natürlich in erster linie zu MINORS und WELTRICHS biographien greifen müssen.

Hannover, 18. januar 1912.

Dr. Wolfgang Stammler.

I
Die Journalisten und Minos
1781

Mir kam vor wenig Tagen,
 Wie? fragt mich eben nicht,
Vom Reich der ewgen Plagen
 Die Zeitung zu Gesicht.

5 Sonst frag ich diesem Essen,
 Wo noch kein Kopf zerbrach,
Dem Freykorps unsrer Pressen
 Wie billig, wenig nach.

Doch eine Randgloß lokte
10 Izt meinen Fürwiz an,
Denkt! wie das Blut mir stokte,
 Als ich das Blatt begann:

„Seit zwanzig herben Jahren
 (Die Post, versteht sich, muß
15 Ihr saures Stündchen fahren
 Hieher vom Erebus)

„Verschmachteten wir Arme
 „In bittrer Wassersnoth,
„Die Höll kam in Allarme
20 „Und foderte den Tod.

„Den Styx kann man durchwaten,
 „Im Lethe krebset man,
„Freund Charon mag sich rathen,
 „Im Schlamme liegt sein Kahn.

25 „Kek springen schon die Tode
 „Hinüber, jung und alt,
„Der Schiffer kommt vom Brode
 „Und flucht die Hölle kalt.

„Fürst Minos schikt Spionen
30 „Nach allen Gränzen hin,
„Die Teufel müssen frohnen,
 „Ihm Kundschaft einzuziehn.

„Juhe! Nun ists am Tage!
 „Erwischt das Räubernest!
35 „Heraus zum Freudgelage!
 „Komm, Hölle, komm zum Fest!

---

1 Anth. s. 1—6

"Ein Schwarm Autoren spükte
„Um des Kozytus Rand,
„Ein Dintenfäßgen schmükte
„Die ritterliche Hand,

„Hier schöpften sie, zum Wunder,
„Wie Buben süssen Wein
„In Röhren von Hollunder,
„Den Strom in Tonnen ein.

„Husch! Eh sie sich's versahen,
„Die Schlingen über sie! —
„Man wird euch schön empfahen,
„Kommt nur nach Sanssouci.

„Schon wittert sie der König
„Und wezte seinen Zahn
„Und schnauzte drauf nicht wenig
„Die Delinquenten an.

„Aha! sieht man die Räuber?
„Weß Handwerks? Welches Lands?
„„Sind teutsche Zeitungsschreiber!""
„Da haben wir den Tanz!

„Schon hätt ich Lust, gleichbalden
„Euch, wie ihr geht und steht,
„Bei'm Essen zu behalten,
„Eh euch mein Schwager mäht.

„Doch schwör' ichs hier bei'm Styxe,
„Den eure Brut bestahl!
„Euch Marder und euch Füchse
„Erwartet Schand und Qual!

„So lange, bis er splittert,
„Spaziert zum Born der Krug!
„Was nur nach Dinten wittert,
„Entgelte den Betrug!

„Herab mit ihren Daumen!
„Laßt meinen Hund heraus!
„Schon wässert ihm der Gaumen
„Nach einem solchen Schmaus.

„Wie zukten ihre Waden
„Vor dieses Bullen Zahn!
„Es schnalzen Seine Gnaden,
„Und Joli pakte an.

„Man schwört, daß noch der Stumpen
„Sich krampfigt eingedrukt,
„Den Lethe auszupumpen
„Noch gichterisch gezukt."

Und nun, ihr guten Christen,
Beherziget den Traum!
Fragt ihr nach Journalisten,
So sucht nur ihren Daum!

⁸⁵ Sie bergen oft die Lüken,
　　Wie Zauner ohne Ohr
　Sie helfen mit Perüken, —
　　Probatum! Gut davor!

　　　　　　　　Y.

2
Fantasie an Laura

　Meine Laura! Nenne mir den Wirbel,
　　Der an Körper Körper mächtig reißt,
　Nenne, meine Laura, mir den Zauber,
　　Der zum Geist monarchisch zwingt den Geist.

⁵　Sieh! er lehrt die schwebenden Planeten
　　Ewgen Ringgangs um die Sonne fliehn
　Und gleich Kindern, um die Mutter hüpfend,
　　Bunte Zirkel um die Fürstin ziehn;

　Durstig trinkt den goldnen Stralenregen
¹⁰　　Jedes rollende Gestirn,
　Trinkt aus ihrem Feuerkelch Erquikung,
　　Wie die Glieder Geister vom Gehirn.

　Sonnenstäubchen paart mit Sonnenstäubchen
　　Sich in trauter Harmonie,
¹⁵　Sphären in einander lenkt die Liebe,
　　Weltsysteme dauren nur durch sie.

　Tilge sie vom Uhrwerk der Naturen —
　　Trümmernd auseinander springt das All,
　In das Chaos donnern eure Welten,
²⁰　　Weint, Newtone, ihren Riesenfall!

　Tilg die Göttinn aus der Geister Orden,
　　Sie erstarren in der Körper Tod,
　Ohne Liebe kehrt kein Frühling wieder,
　　Ohne Liebe preißt kein Wesen Gott!

²⁵　Und was ists, das, wenn mich Laura küsset,
　　Purpurflammen auf die Wangen geußt,
　Meinem Herzen raschern Schwung gebietet,
　　Fiebrisch wild mein Blut von hinnen reißt?

　Aus den Schranken schwellen alle Sennen,
³⁰　　Seine Ufer überwallt das Blut,
　Körper will in Körper über stürzen,
　　Lodern Seelen in vereinter Glut;

　Gleich allmächtig wie dort in der todten
　　Schöpfung ewgen Federtrieb,
³⁵　Herrscht im arachneischen Gewebe
　　Der empfindenden Natur die Lieb'.

---

2 Anth. s. 7—11　　34 druckfehler: Schöpfuug

Siehe, Laura, Frölichkeit umarmet
    Wilder Schmerzen Ueberschwung,
An der Hoffnung Liebesbrust erwarmet
40   Starrende Verzweifelung.

Schwesterliche Wollust mildert
    Düstrer Schwermuth Schauernacht,
Und, entbunden von den goldnen Kindern,
    Stralt das Auge Sonnenpracht.

45 Waltet nicht auch durch des Uebels Reiche
    Fürchterliche Sympathie?
Mit der Hölle bulen unsre Laster,
    Mit dem Himmel grollen sie.

Um die Sünde flechten Schlangenwirbel
50   Scham und Reu', das Eumenidenpaar,
Um der Gröse Adlerflügel windet
    Sich verräth'risch die Gefahr.

Mit dem Stolze pflegt der Sturz zu tändeln,
    Um das Glük zu klammern sich der Neid,
55 Ihrem Bruder Tode zuzuspringen
    Offnen Armes Schwester Lüsternheit.

Mit der Liebe Flügel eilt die Zukunft
    In die Arme der Vergangenheit,
Lange sucht der fliehende Saturnus
60   Seine Braut — die Ewigkeit.

Einst — so hör ich das Orakel sprechen —
    Einsten hascht Saturn die Braut,
Weltenbrand wird Hochzeitfakel werden,
    Wenn mit Ewigkeit die Zeit sich traut.

65 Eine schönere Aurora röthet,
    Laura, dann auch unsrer Liebe sich,
Die so lang als jener Brautnacht dauert,
    Laura! Laura! freue dich!
                         Y.

3
Bacchus im Triller

Trille! Trille! blind und dumm,
    Taub und dumm,
  Trillt den saubern Kerl herum!
Manches Stük von altem Adel,
5 Vetter, hast du auf der Nadel.
    Vetter, übel kommst du weg,
Manchen Kopf mit Dampf gefüllet,
Manchen hast du umgetrillet,
Manchen klugen Kopf berülpet,
10 Manchen Magen umgestilpet,

Umgewälzt in seinem Spek,
Manchen Hut krumm aufgesezet,
Manches Lamm in Wut gehezet
Bäume, Heken, Häuser, Gassen
15 Um uns Narren tanzen lassen.
Darum kommst du übel weg,
Darum wirst auch du getrillet,
Wirst auch du mit Dampf gefüllet,
Darum wirst auch du berülpet,
20 Wird dein Magen umgestilpet,
Umgewälzt in seinem Spek,
Darum kommst du übel weg.

Trille! Trille! blind und dumm,
Taub und dumm,
25 Trillt den saubern Kerl herum!
Siehst, wie du mit unsern Zungen,
Unserm Wiz bist umgesprungen,
Siehst du jezi, du lokrer Specht?
Wie du uns am Sail gezwirbelt,
30 Uns im Ring herumgewirbelt,
Daß uns Nacht ums Auge graußte,
Daß 's uns in den Ohren saußte.
Lerns in deinem Käfigt recht;
Daß wir vor dem Ohrgebrümmel
35 Nimmer Gottes blauen Himmel,
Nimmer sahen Stok und Steine,
Knakten auf die lieben Beine.
Siehst du izt, du lokrer Specht?
Daß wir Gottes gelbe Sonne
40 Für die Heidelberger Tonne,
Berge, Bäume, Thürme, Schlösser
Angesehn für Schoppengläser,
Lernst du's izt, du lokrer Specht?
Lern's in deinem Käfigt recht.

45 Trille! Trille! blind und dumm,
Taub und dumm,
Trill den saubern Kerl herum!
Schwager, warst doch sonst voll Ränke,
Schwager, wo nun deine Schwänke,
50 Deine Pfiffe, schlauer Kopf?
Ausgepumpt sind deine Pfiffe,
Und zum Teufel sind die Kniffe!
Albern wie ein Stuzer plandern,
Wie ein Waschweib wirst du kaudern.
55 Junker ist ein seichter Tropf.
Nun so weist du's — magst dich schämen,
Magst meintwegen Reißaus nehmen,
Dem Hollunken Amor rühmen,
Dran er soll Exempel nehmen.
60 Fort, Bärnhäuter! tummle dich!
Unser Wiz, aus Glas gekerbet;
Wie der Bliz ist er zerscherbet;

Soll dich nicht der Triller treiben,
Laß die Narrenspossen bleiben!
65   Hast's verstanden? Denk an mich!
Wüster Vogel! pake dich.
                              W. D.

———

4
An die Sonne

Preis dir, die du dorten heraufstrahlst, Tochter des Himmels
        Preis dem lieblichen Glanz
Deines Lächelns, der alles begrüsset und alles erfreuet!
        Trüb in Schauern und Nacht
5 Stand begraben die prächtige Schöpfung: todt war die Schönheit
        Lang dem lechzenden Blik:
Aber liebevoll stiegst du früh aus dem rosigen Schoose
        Deiner Wolken empor,
Wekfest uns auf die Morgenröthe; und freundlich
10   Schimmert' diese herfür
Ueber die Berg' und verkündete deine süsse Hervorkunft.
        Schnell begann nun das Graun
Sich zu wälzen dahin in ungeheuern Gebürgen.
        Dann erschienest du selbst,
15 Herrliche du, und verschwunden waren die neblichte Riesen!
        Ach! wie Liebende nun,
Lange getrennt, liebäugelt der Himmel zur Erden, und diese
        Lächelt zum Liebling empor;
Und es küssen die Wolken am Saume der Höhe die Hügel;
20   Süsser athmet die Luft;

———

4. Anth. s. 16—18   Drei frühere fassungen sind uns erhalten, alle drei kopien von der hand der Christophine Reinwald, Schillers schwester: h¹ sehr flüchtig und ungenau veröffentlicht von HENNEBERGER in RPrutz' Deutschem Museum, 1859, jahrg. IX, 2. s. 778 f.; h² hrsg. von WITKOWSKI in einem privatdruck zum 9. mai 1905 [als facsimile] und im Euphorion XII, s. 230 f.; h³ von GÜNTTER im Marbacher Schillerbuch bd. III, 1909, s. 54 f. (Die versabsätze sind im folgenden nicht berücksichtigt.)
Ueberschr.: Aufgang der Sonne. h². h¹ und h³ scheinen keine überschriften zu tragen   1 herauf steigst h²   3 belebet und Alles erfreut h¹. belebet und alles erfreuet h². belebt und alles erfreuet h³   4 Tief im Schatten der Nacht h¹. h³. Tief im Dunkel der Nacht h²   5 lag begraben h¹. h². h³. die herrliche Schöpfung, Todt lag h²   6 längst h¹   7 Aber nun steigst du früh aus dem rosigen Schooß h¹. aber nun steigst du früh aus dem rosigen Schoose h³   9 Wekfest uns h¹. durch die Morgenröthe h¹. h². h³   10 schimmert h¹. h². schimmerte h³. herfor h²   11 Berge und verkündet h¹. h². h³. die nahe Hervorkunft h¹. deine nahe Hervorkunft h². h³   12 Grau h¹. Grauen h². Graue h³   13 sich zu wandeln in ungeheure Gebirge h¹. dahin fehlt h². h³. ungeheuren h². Gebirgen h². h³   14 erschienst h². h³   15 die erbleichten Riesen h¹ [lesefehler Hennebergers]. entschwunden h². neblichten h². h³   16—20 fehlen h¹   17 Lange getrennt fehlt h³. Erde h³   19 die Wolken fehlt h³. am Saum der Berge h³   20 fehlt h². h³

Alle Fluren baden in deines Angesichts Abglanz
 Sich; und es wirbelt der Chor
Das Gevögels aus der vergoldeten Grüne der Wälder
 Freudenlieder hinauf;
25 Alle Wesen taumeln wie am Busen der Wonne:
 Seelig die ganze Natur!
Und dieß alles, o Sonn'! entquoll deiner himmlischen Liebe.
 Vater der Heil'gen, vergieb,
O vergieb mir, daß ich auf mein Angesicht falle
30 Und anbete dein Werk! —
Aber nun schwebet sie fort im Zug der Purpurgewölke
 Ueber der Könige Reich,
Ueber die unabsehbarn Wasser, über das Weltall;
 Unter ihr werden zu Staub
35 Alle Thronen, Moder die himmelaufschimmernden Städte;
 Ach! die Erde ist selbst
Grabeshügel geworden. Sie aber bleibt in der Höhe,
 Lächelt der Mörderin Zeit
Und erfüllet ihr grofes Geschäft, erleuchtet die Sphären.
40 O besuche noch lang,
Herrlichstes Fürbild der Edeln! mit mildem freundlichem Blike
 Unsre Wohnung, bis einst
Vor dem Schelten des Ewigen sinken die Sterne
 Und du selbsten erbleichst. W.

5
Laura am Klavier

Wenn dein Finger durch die Saiten meistert —
Laura, izt zur Statue entgeistert,
Izt entkörpert steh ich da.
Du gebietest über Tod und Leben,
5 Mächtig, wie von tausend Nervgeweben
 Seelen fordert Philadelphia; —

---

21 fehlt h³   21. 22 Alle Wesen trunken um am Busen der Wonne
und es wirbelt der Chor h¹ [Zu trunken hat Henneberger selbst ein ?
gesetzt.]   22 Sich, und fehlt h³   23 aus dem vergüldeten Grün h¹.
aus der vergoldeten Grüne der Wälder fehlt h².   24 Trunkene Lieder h¹.
herauf h¹. h². h³   25. 26 fehlen h¹   27 das Alles h¹. himmlischen
Schöne h¹   28 der herrlichen h¹. h³.   Heiligen h²   29 Antliz h².
31 ziehet sie h¹. h². h³.   des Purpurgewölkes h¹   32 Der Berge
Reich h¹   33 unabsehbaren h¹.   35 Throne h¹.   Moder bis Städte
fehlt h¹. h³.   Moder fehlt h².   heraufschimmernden h²   41 herrliches
h¹. h³.   Vorbild der Edlen h¹. h². h³.   mit bis Blike fehlt h¹. h². h³.
42 Unsere h¹. h². h³.   Erde h²   43 Von dem h¹. h². h³.   Stern h³
44 verbleichst h²   Unterzeichnet in h³: Reinwald gebohr Schiller.
Am rande verzeichnet: Gedicht von Schiller in sm. 14. Jahre. h¹.
Schiller war 14 Jahre alt, als er diß dichtete. h². Gedicht von Schiller
in seinem 14. Lebensjahr. h³.

5 Anth. s. 19—21

Ehrerbietig leiser rauschen
Dann die Lüfte, dir zu lauschen.
 Hingeschmidet zum Gesang
 Stehn im ewgen Wirbelgang,
Einzuziehn die Wonnefülle,
Lauschende Naturen stille;
 Zauberin! mit Tönen, wie
 Mich mit Bliken, zwingst du sie.

Seelenvolle Harmonieen wimmeln,
 Ein wollüstig Ungestüm,
Aus den Saiten, wie aus ihren Himmeln
Neugebohrne Serafim;
Wie des Chaos Riesenarm entronnen,
Aufgejagt vom Schöpfungssturm, die Sonnen
 Funkend fuhren aus der Finsternuß,
 Strömt der goldne Saitenguß.

Lieblich izt, wie über bunten Kieseln
Silberhelle Fluten rieseln, —
 Majestätisch prächtig nun,
 Wie des Donners Orgelton,
Stürmend von hinnen izt, wie sich von Felsen
Rauschende schäumende Gießbäche wälzen,
 Holdes Gesäusel bald,
 Schmeichlerisch linde,
 Wie durch den Espenwald
 Buhlende Winde,
Schwerer nun und melankolisch düster,
Wie durch todter Wüsten Schauernachtgeflüster,
 Wo verlornes Heulen schweift,
 Thränenwellen der Kozytus schleift.

Mädchen, sprich! Ich frage, gieb mir Kunde:
Stehst mit höhern Geistern du im Bunde?
 Ists die Sprache, lüg mir nicht,
 Die man in Elysen spricht?

Von dem Auge weg der Schleyer!
 Starre Riegel von dem Ohr!
Mädchen! Ha! schon athm' ich freier,
Läutert mich ätherisch Feuer?
 Tragen Wirbel mich empor? — —

Neuer Geister Sonnensize
Winken durch zerrißner Himmel Rize —
 Ueberm Grabe Morgenroth!
 Weg, ihr Spötter, mit Insektenwize!
 Weg! Es ist ein Gott — — —

Y.

6
Die Herrlichkeit der Schöpfung
Eine Fantasie

Vorüber war der Sturm, der Donner Rollen
  Das hallende Gebirg hinein verschollen,
    Geflohn die Dunkelheit;
In junger Schöne lächelten die Himmel wieder
  Auf ihre Schwester, Gottes Erde, nieder
    Voll Zärtlichkeit.
Es lagen lustig da die Auen und die Thale,
Aus Maigewölken von der Sonnen Strahle
    Holdseelig angelacht:
10   Die Ströme schimmerten, die Büsch' und Wäldchen alle
Bewegten freudig sich im thauigen Crystalle
    In funkelndlichter Pracht.
Und sieh! da hebt von Berg zu Berg sich prächtig ausgespannt
  Ein Regenbogen über's Land. —
15 In dieser Ansicht schwamm vom Broken oben
Mein Auge trunken, als ich aufgehoben
  Mich plötzlich fühlte.... Heilig heil'ge Lüfte kamen,
Umwebten zärtlich mich, indessen über mir
Stolztragend über's All den Ewigen daher
20   Die innre Himmel majestätisch schwammen.

    Und izt trieb ein Wind
Fort die Wolken, mich auf ihrem Zuge,
Unter mir wichen im Fluge
    Schimmernde Königesstädte zurük,
25   Schnell wie ein Blik
    Länderbeschattende Berge zurük,
Und das schönste Gemisch von blühenden Feldern,
Goldenen Saaten und grünenden Wäldern,
    Himmel und Erde im lachenden Glanz
30   Wiegten sich um mich im sanftesten Tanz.

    Da schweb ich nun in den saphirnen Höhen
Bald über'm unabsehlich weiten Meer;
Bald seh' ich unter mir ein langes Klippenheer,
Izt grausenvolle Felsenwüsten stehen
35 Und dort den Frühling mir entgegenwehen;
Und hier die Lichtesköniginn,
Auf rosichtgoldnen Wolken hingetragen,
Zu ihrer Himmelsruhe ziehn.

    O welch Gesicht! Mein Lied! wie könntest du es sagen,
40 Was dieses Auge trank vom weltumwandelnden Wagen?
Der Schöpfung ganze Pracht, die Herrlichkeit,
Die in dem Einsamen der dunkeln Ewigkeit
    Der Allerhöchste ausgedacht

---

6 Anth. s. 22—25   18 druckfehler: Und webten

Und sich zur Augenlust und euch, o Menschen!
45 Zur Wohnung hat gemacht,
Lag vor mir da!... Und welche Melodien
Dringen herauf? welch unaussprechlicher Klang
Schlägt mein entzükktes Ohr?... Der grose Lobgesang
Tönt auf der Laute der Natur!... In Harmonien
50 Wie einen süsen Tod verlohren, preißt
Den Herrn des Alls mein Geist!

W.

7
Elegie auf den Tod eines Jünglings

Banges Stöhnen, wie vor'm nahen Sturme,
Hallet her vom öden Trauerhauß,
Todtentöne fallen von des Münsters Thurme,
Einen Jüngling trägt man hier heraus:
5 Einen Jüngling — noch nicht reif zum Sarge,
In des Lebens Mai gepflükt,
Pochend mit der Jugend Nervenmarke,
Mit der Flamme, die im Auge zükt;
Einen Sohn, die Wonne seiner Mutter,
10 (O das lehrt ihr jammernd Ach)
Meinen Busenfreund, Ach! meinen Bruder —
Auf! was Mensch heißt, folge nach!

Prahlt ihr, Fichten, die ihr hoch veraltet
Stürmen stehet und den Donner nekt?

---

7 Anth. s. 26—32   Anonymer einzeldruck: Elegie auf den frühzeitigen Tod Johann Christian Weckerlins. von seinen Freunden. Stuttgart, den 16ten Januar 1781. Daselbst mit Mäntlerischen Schriften. 1 bogen folio. [= E².] Daneben hat sich noch ein exemplar des einzeldruckes erhalten, bevor er die zensur passiert hatte, von Weisstein facsimiliert in der Zeitschr. für Bücherfreunde. IX, s. 92/93. [= E¹.] Die bemerkungen des zensors J. C. Volz mitgeteilt, in der krit. ausgabe von Goedeke I, 368. Nach R. Weltrichs aufsatz in der Frankfurter Zeitung 1910, nr. 200, 22. juli habe ich auch die varianten der abschrift im schreibbuch von Schillers mitschüler Anton v. Herrenschwand mitgeteilt, die wahrscheinlich nach E¹ angefertigt worden ist [= h.].
Ueberschr.: Elegie auf den frühzeitigen Tod J. C. Wekerlins. h. —
Motto:
„Ihn aber hält am ernsten Orte,
„Der nichts zurüke läßt,
„Die Ewigkeit mit starken Armen fest." — E¹·²· h.
3 Stiftes Thurme E¹·²· h   5 zur Bahre E¹·²· h
6—12 Einen Jüngling — in dem May der Jahre —
Weggepflükt in früher Morgenblüth!
Einen Sohn — das Pralen seiner Mutter,
Unsern theuren vielgeliebten Bruder —
Auf! was Mensch heißt folge mit!   E¹·²· h.   Zu Pralen hatte der zensor bemerkt: „Da diss Wort öfters in einer schlimmen Bedeutung gebraucht wird: so könnte es vielleicht missdeutet, und übel aufgenommen werden."

15 Und ihr, Berge, die ihr Himmel haltet,
    Und ihr, Himmel, die ihr Sonnen hegt?
    Prahlt der Greiß noch, der auf stolzen Werken
    Wie auf Woogen zur Vollendung steigt?
    Prahlt der Held noch, der auf aufgewälzten Thatenbergen
20   In des Nachruhms Sonnentempel fleugt?
    Wenn der Wurm schon naget in den Blüthen:
    Wer ist Thor, zu wähnen, daß er nie verdirbt?
    Wer dort oben hofft noch und hienieden,
    Auszudauren — wenn der Jüngling stirbt?

25 Lieblich hüpften, voll der Jugendfreude,
    Seine Tage hin im Rosenkleide,
    Und die Welt, die Welt war ihm so süß —
    Und so freundlich, so bezaubernd winkte
    Ihm die Zukunft, und so golden blinkte
30   Ihm des Lebens Paradies;
    Noch, als schon das Mutterauge thränte,
    Unter ihm das Todenreich schon gähnte,
    Ueber ihm der Parzen Faden riß,
    Erd und Himmel seinem Blik entsanken,
35 Floh er ängstlich vor dem Grabgedanken —
    Ach die Welt ist Sterbenden so süß.

    Stumm und taub ists in dem engen Hause,
    Tief der Schlummer der Begrabenen;
    Bruder! Ach in ewig tiefer Pause
40   Feiern alle deine Hoffnungen;

Nach 24 : War Er nicht so muthig, kraftgerüstet,
    War er nicht wie [des h] Lebens Konterfen?
    Frisch, wie Roß im Eisenklang sich brüstet,
    Wie der Vogel in den Lüften frey?
    Da Er noch in unsern Reyhen hüpfte,
    Da Er noch in unsern Armen sprang
    Und sein Herz an unsre Herzen knüpfte, —
    O der schneidenden Erinnerung! —
    Da Er uns — (o ahndende Gefühle
    Hier auf eben dieser Leichenflur)
    Nur zu sicher vor dem nahen Ziele
    Das Gelübd der ewgen Treue schwur —

    O ein Mißklang auf der grossen Laute!
    Weltregierer, ich begreif es nicht!
    Hier — auf dem Er seinen Himmel baute —
    Hier im Sarg — barbarisches Gericht!
    So viel Sehnen, die im Grab erschlaffen,
    So viel Keime, die der Tod verweht,
    Kräfte, für die Ewigkeit erschaffen,
    Gaben, für die Menschheit ausgesät —
    O in dieses Meeres wildem Wetter,
    Wo Verzweiflung Steur und Ruder ist,
    Bitte nur, geschlagenster der Väter,
    Daß dir alles, alles, nur nicht GOtt entwischt. E[1, 2,] h

Oft erwärmt die Sonne deinen Hügel,
　Ihre Glut empfindest du nicht mehr;
Seine Blumen wiegt des Westwinds Flügel,
　Sein Gelispel hörest du nicht mehr;
45　Liebe wird dein Auge nie vergolden,
　Nie umhalsen deine Braut wirst du,
Nie, wenn unsre Thränen stromweis rollten, —
　Ewig, ewig sinkt dein Auge zu.

Aber wohl dir! — köstlich ist dein Schlummer,
50　Ruhig schläft sichs in dem engen Haus;
Mit der Freude stirbt hier auch der Kummer,
　Röcheln auch der Menschen Qualen aus.
Ueber dir mag die Verläumdung geifern,
　Die Verführung ihre Gifte spein,
55　Ueber dich der Pharisäer eifern,
　Fromme Mordsucht dich der Hölle weihn,
Gauner durch Apostel Masken schielen,
　Und die Bastarttochter der Gerechtigkeit,
Wie mit Würfeln, so mit Menschen spielen,
60　Und so fort bis hin zur Ewigkeit.

Ueber dir mag auch Fortuna gaukeln,
　Blind herum nach ihren Buhlen spähn,
Menschen bald auf schwanken Thronen schaukeln,
　Bald herum in wüsten Pfützen drehn;
65　Wohl dir, wohl in deiner schmalen Zelle;
　Diesem komischtragischem Gewühl,
Dieser ungestümmen Glükeswelle,
　Diesem possenhaften Lottospiel,
Diesem faulen fleißigen Gewimmel,
70　Dieser arbeitsvollen Ruh,
Bruder! — diesem teufelvollen Himmel
Schlos dein Auge sich auf ewig zu.

---

48 Ewig, ewig, ewig sinkt E¹·²·h　56 Pfaffen brüllend dich E¹·h. Dazu die bemerkung des zensors: „Müssen weniger anstössige Ausdrücke gewählt werden." Deshalb in E²: Manche brüllend　58 Und die Meze die Gerechtigkeit E¹·h. Bemerkung des zensors: „Möchte in einem satyrischen Aufsaze passiren, nicht aber in einem ernsthaften Gedichte." Daher E²: Und die Falsche die Gerechtigkeit　66 komischtragischen E²　71 Zu teufelvoll zensurbem.: „Dieser Ausdruck sollte auch gemildert werden." Daher E²: Bosheitsvollen. h hat [verschrieben?]: todtenvollen　Nach v. 72:

O so klatschet! klascht doch in die Hände,
　Rufet doch ein frohes Plaudite! —
Sterben ist der langen Narrheit Ende,
　In dem Grab verscharrt man manches Weh;
Was sind denn die Bürger unterm Monde?
　Gaukler, theatralisch ausstaffirt,
Mit dem Tod in ungewissem Bunde,
　Bis der Falsche sie vom Schauplatz führt
Wohl dem, der nach kurzgespielter Rolle

Fahr dann wohl, du Trauter unsrer Seele,
 Eingewiegt von unsern Segnungen,
75 Schlummre ruhig in der Grabeshöle,
 Schlummre ruhig bis auf Wiedersehn!
Bis auf diesen leichenvollen Hügeln
 Die allmächtige Posaune klingt,
Und nach aufgerißnen Todesriegeln
80 Gottes Sturmwind diese Leichen in Bewegung schwingt —
Bis, befruchtet von Jehovahs Hauche,
 Gräber kreisen — auf sein mächtig Dräun
In zerschmelzender Planeten Rauche
 Ihren Raub die Grüfte wiederkäun —

85 Nicht in Welten, wie die Weisen träumen,
 Auch nicht in des Pöbels Paradiß,
Nicht in Himmeln, wie die Dichter reimen, —
 Aber wir ereilen dich gewiß.
Daß es wahr sey, was den Pilger freute?
90 Daß noch jenseits ein Gedanke sey?
Daß die Tugend über's Grab geleite?
 Daß es mehr denn eitle Fantasey? — —
Schon enthüllt sind dir die Räthsel alle!
 Wahrheit schlürft dein hochentzükter Geist,
95 Wahrheit, die in tausendfachem Strale
 Von des grosen Vaters Kelche fleußt —

Ziehet dann hin, ihr schwarzen, stummen Träger!
 Tischt auch den dem grosen Würger auf!
Höret auf, geheulergoßne Kläger!
100 Thürmet auf ihm Staub auf Staub zu Hauf.
Wo der Mensch, der Gottes Rathschluß prüfte?
 Wo das Aug, den Abgrund durchzuschaun?
Heilig! Heilig! Heilig! Bist du, Gott der Grüfte,
 Wir verehren dich mit Graun!
105 Erde mag zurük in Erde stäuben,
 Fliegt der Geist doch aus dem morschen Hauß!
Seine Asche mag der Sturmwind treiben,
 Seine Liebe dauert ewig aus!   Y.

Seine Larve tauschet mit Natur,
 Und der Sprung vom König bis zur Erdenscholle
Ist ein leichter Kleiderwechsel nur. E$^{1. 2.}$ h. Doch hat E^2
im dritten verse dieser strophe auf des zensors vorschlag statt Narrheit
eingesetzt: Thorheit, und h schreibt in der drittletzten zeile: tauscht mit
der Natur   84 Ihren Staub E$^{1. 2.}$ h   87 nicht im Himmel h   89 Ob
es E$^{1. 2.}$ h   90 Ob noch E$^{1. 2.}$ h   91 Ob die E$^{1. 2.}$ h   92 Ob es
alles eitle E$^{1. 2.}$ h   103 Heilig! heilig! bist du E$^{1. 2.}$ h. Schlussbemerkung
des zensors: „Nach oben bemerkten Verbesserungen, welche nicht unter-
lassen werden derffen: *Imprim. J. C. Volz.*"

8
Rousseau

Monument von unsrer Zeiten Schande!
Ew'ge Schandschrift deiner Mutterlande!
　Roußeaus Grab! Gegrüßet seyst du mir!
Fried und Ruh den Trümmern deines Lebens!
Fried und Ruhe suchtest du vergebens,
　Fried und Ruhe fandst du hier.

Kaum ein Grabmal ist ihm überblieben,
Den von Reich zu Reich der Neid getrieben,
　Frommer Eifer umgestrudelt hat.
Ha! Um den einst Ströme Bluts zerfließen,
Wem's gebühr', ihn pralend Sohn zu grüßen,
　Fand im Leben keine Vaterstadt.

Und wer sind sie, die den Weisen richten?
Geisterschlaken, die zur Tiefe flüchten
　Vor dem Silberblike des Genies;
Abgesplittert von dem Schöpfungswerke,
Gegen Riesen Roußeau kind'sche Zwerge,
　Denen nie Prometheus Feuer blies.

Brüken vom Justinkte zum Gedanken,
Angestiket an der Menschheit Schranken,
　Wo schon gröbre Lüfte wehn,
In die Kluft der Wesen eingekeilet,
Wo der Affe aus dem Thierreich geilet,
　Und die Menschheit anhebt, abzustehn.

Neu und einzig — eine Irresonne,
Standest du am Ufer der Garonne
　Meteorisch für Franzosenhirn.
Schwelgerei und Hunger brüten Seuchen,
Tollheit rast mavortisch in den Reichen.
　Wer ist schuld — das arme Irrgestirn.

Deine Parze — hat sie gar geträumet?
Hat in Fieberhize sie gereimet,
　Die dich an der Seine Strand gesäugt?
Ha! schon seh ich unsre Enkel staunen,
Wann beim Klang belebender Posaunen
　Aus Franzosengräbern — Roußeau steigt!

Wann wird doch die alte Wunde narben?
Einst wars finster — und die Weisen starben,
　Nun ists lichter — und der Weise stirbt,
Sokrates ging unter durch Sofisten,
Roußeau leidet — Roußeau fällt durch Christen,
　Roußeau — der aus Christen Menschen wirbt.

Ha! mit Jubel, die sich feurig gießen,
Sey, Religon, von mir gepriesen,
　Himmelstochter, sey geküßt!

---
8 Anth. s. 33—37

Welten werden durch dich zu Geschwistern,
Und der Liebe sanfte Odem flistern
  Um die Fluren, die dein Flug begrüßt.

Aber wehe — Basiliskenpfeile
50 Deine Blike — Krokodilgeheule
  Deiner Stimme sanfte Melodien,
Menschen bluten unter deinem Zahne,
Wenn verderbengeifernde Imane
  Zur Erennys dich verziehn.

55 Ja! im acht und zehnten Jubeljare,
Seit das Weib den Himmelsohn gebare,
  (Kroniker, vergeßt es nie)
Hier erfanden schlauere Perille
Ein noch musikalischer Gebrülle,
60   Als dort aus dem ehrnen Ochsen schrie.

Mag es, Roußeau! mag das Ungeheuer
Vorurtheil ein thürmendes Gemäuer
  Gegen kühne Reformanten stehn,
Nacht und Dummheit boshaft sich versammeln,
65 Deinem Licht die Pfade zu verrammeln,
  Himmelstürmend dir entgegen gehn.

Mag die hundertrachigte Hyäne
Eigennuz die gelben Zakenzähne
  Hungerglühend in die Armuth haun,
70 Erzumpanzert gegen Waisenthräne,
Thurmumrammelt gegen Jammertöne,
  Goldne Schlösser auf Ruinen baun.

Geh, du Opfer dieses Trillingsdrachen,
Hüpfe freudig in den Todesnachen,
75   Großer Dulder! frank und frei.
Geh, erzähl dort in der Geister Kraiße
Diesen Traum vom Krieg der Frösch' und Mäuse,
  Dieses Lebens Jahrmarktsdudelei.

Nicht für diese Welt warst du — zu bider
80 Warst du ihr, zu hoch — vielleicht zu nieder —
  Roußeau, doch du warst ein Christ.
Mag der Wahnwiz diese Erde gängeln!
Geh du heim zu deinen Brüdern Engeln,
  Denen du entlaufen bist.   M.

9
Die seeligen Augenblike, an Laura

Laura, über diese Welt zu flüchten
  Wähn ich — mich in Himmelmaienglanz zu lichten,

---

9 Anth. s. 38—41 Schwäbischer Musenalmanach auf das Jahr 1782.
Hrsg. von Gotthold Friedrich Stäudlin, Tübingen, bei Johann Georg Cotta.
s. 140—142. (Diese im folgenden mitgeteilten varianten vielleicht von
Stäudlin eigenmächtig eingesetzt.)   Ueberschr.: Die Entzükung an Laura.
1 Laura! Welt und Himmel weggeronnen   2 in Himmelmaienlicht zu sonnen

Wenn dein Blik in meine Blike flimmt,
Aetherlüfte träum' ich einzusaugen,
Wenn mein Bild in deiner sanften Augen
    Himmelblauem Spiegel schwimmt; —

Leyerklang aus Paradises Fernen,
Harfenschwung aus angenehmern Sternen
Ras' ich in mein trunken Ohr zu ziehn,
Meine Muse fühlt die Schäferstunde,
Wenn von deinem wollustheißem Munde
    Silbertöne ungern fliehn; —

Amoretten seh ich Flügel schwingen,
Hinter dir die trunknen Fichten springen,
    Wie von Orpheus' Saitenruf belebt;
Rascher rollen um mich her die Pole,
Wenn im Wirbeltanze deine Sole
    Flüchtig wie die Welle schwebt; —

Deine Blike — wenn sie Liebe lächeln,
Könnten Leben durch den Marmor fächeln,
    Felsenadern Pulse leihn;
Träume werden um mich her zu Wesen,
Kann ich nur in deinen Augen lesen:
    Laura, Laura mein! —

Wenn dann, wie gehoben aus den Achsen
Zwei Gestirn, in Körper Körper wachsen,
    Mund an Mund gewurzelt brennt,
Wollustfunken aus den Augen regnen,
Seelen wie entbunden sich begegnen
    In des Athems Flammenwind, — — —

Qualentzüken — — Paradisesschmerzen! — —
Wilder flutet zum beklommnen Herzen,
    Wie Gewapnete zur Schlacht, das Blut;
Die Natur, der Endlichkeit vergessen,
Wagts, mit höhern Wesen sich zu messen,
    Schwindelt ob der acherontschen Flut.

Eine Pause drohet hier den Sinnen,
Schwarzes Dunkel jagt den Tag von hinnen,
    Nacht verschlingt den Quell des Lichts —
Leises .. Murmeln ... dumpfer .. hin .. verloren ..
Stirbt ... allmälig .. in den trunken ... Ohren ...
    Und die Welt ist .... Nichts ....

Ach! vielleicht verpraßte tausend Monde,
Laura, die Elisiumssekunde,
    All begraben in dem schmalen Raum;
Weggewirbelt von der Todeswonne,
Landen wir an einer andern Sonne,
    Laura! und es war ein Traum.

---

    8 angenehmen   11 wollustvollen   25 Wann nun   31—36 fehlen
39 Lagert sich um den gefangenen Blik   42 Und die Welt tritt in ihr
Nichts zurük   43—48 fehlen

O! daß doch der Flügel Chronos harrte,
50 Hingebannt ob dieser Gruppe starrte
    Wie ein Marmorbild — — die Zeit!
Aber ach! ins Meer des Todes jagen
Wellen Wellen — über dieser Wonne schlagen
    Schon die Strudel der Vergessenheit.

Y.

10
Spinoza

Hier ligt ein Eichbaum umgerissen,
Sein Wipfel thät die Wolken küssen,
Er ligt am Grund — warum?
Die Bauren hatten, hör ich reden,
5 Sein schönes Holz zum Bau'n vonnöthen
Und rissen ihn deßwegen um.

D.

11
Die Kindsmörderin

Horch — die Gloken weinen dumpf zusammen,
    Und der Zeiger hat vollbracht den Lauf,
Nun, so sey's denn! — Nun, in Gottes Namen!
    Grabgefährten, brecht zum Richtplaz auf.
5 Nimm, o Welt, die lezten Abschiedsküße,
    Diese Thränen nimm, o Welt, noch hin.
Deine Gifte — o sie schmekten süße! —
    Wir sind quitt, du Herzvergifterin.

Fahret wohl, ihr Freuden dieser Sonne,
10   Gegen schwarzen Moder umgetauscht!
Fahre wohl, du Rosenzeit voll Wonne,
    Die so oft das Mädchen lustberauscht;
Fahret wohl, ihr goldgewebten Träume,
    Paradieskinder Fantasie'n! —
15 Weh! sie starben schon im Morgenkeime,
    Ewig nimmer an das Licht zu blühn.

Schön geschmükt mit rosenrothen Schlaifen
    Dekte mich der Unschuld Schwanenkleid,
In der blonden Loken loses Schweifen
20   Waren junge Rosen eingestreut: —
Wehe! — Die Geopferte der Hölle
    Schmükt noch izt das weißlichte Gewand,
Aber ach! — der Rosenschlaifen Stelle
    Nahm ein schwarzes Todenband.

---

49 Ha! daß izt 50 Hingebrannt [druckfehler] Unterschrift: Schiller
10 Anth. s. 41
11 Anth. s. 42—48

25 Weinet um mich, die ihr nie gefallen,
   Denen noch der Unschuld Liljen blühn
Denen zu dem weichen Busenwallen
   Heldenstärke die Natur verliehn!
Wehe! menschlich hat diß Herz empfunden! —
30 Und Empfindung soll mein Richtschwerd seyn! —
Weh! vom Arm des falschen Manns umwunden,
   Schlief Louisens Tugend ein.

Ach, vielleicht umflattert eine andre,
   Mein vergessen, dieses Schlangenherz,
35 Ueberfließt, wenn ich zum Grabe wandre,
   An dem Puztisch in verliebten Scherz?
Spielt vielleicht mit seines Mädchens Loke?
   Schlingt den Kuß, den sie entgegenbringt?
Wenn verspritzt auf diesem Todesbloke
   Hoch mein Blut vom Rumpfe springt.

Joseph! Joseph! auf entfernte Meilen
   Folge dir Louisens Todenchor,
Und des Glokenthurmes dumpfes Heulen
   Schlage schröklichmahnend an dein Ohr —
45 Wenn von eines Mädchens weichem Munde
   Dir der Liebe sanft Gelispel quillt,
Bohr' es plözlich eine Höllenwunde
   In der Wollust Rosenbild!

Ha, Verräther! nicht Louisens Schmerzen?
50 Nicht des Weibes Schande, harter Mann?
Nicht das Knäblein unter meinem Herzen?
   Nicht, was Löw' und Tiger milden kann?
Seine Seegel fliegen stolz vom Lande,
   Meine Augen zittern dunkel nach,
55 Um die Mädchen an der S e i n e Strande
   Winselt er sein falsches Ach! — —

Und das Kindlein — in der Mutter Schoose
   Lag es da in süßer goldner Ruh,
In dem Reiz der jungen Morgenrose
60 Lachte mir der holde Kleine zu,
Tödlichlieblich sprang aus allen Zügen
   Des geliebten Schelmen Konterfey;
Den beklommnen Mutterbusen wiegen
   Liebe und — Verrätherey.

65 Weib, wo ist mein Vater? lallte
   Seiner Unschuld stumme Donnersprach,
Weib, wo ist dein Gatte? hallte
   Jeder Winkel meines Herzens nach —
Weh, umsonst wirst, Waise, du ihn suchen,
70 Der vielleicht schon andre Kinder herzt,
Wirst der Stunde unsrer Wollust fluchen,
   Wenn dich einst der Name Bastard schwärzt.

Deine Mutter — o im Busen Hölle! —
   Einsam sizt sie in dem All der Welt,

75 Durstet ewig an der Freudenquelle,
   Die dein Anblik fürchterlich vergällt.
Ach, in jedem Laut von dir erwachet
   Todter Wonne Qualerinnerung,
Jeder deiner holden Blike fachet
80   Die unsterbliche Verzweifelung.

Hölle, Hölle, wo ich dich vermiße,
   Hölle, wo mein Auge dich erblikt,
Eumenidenruthen deine Küße,
   Die von seinen Lippen mich entzükt,
85 Seine Eide donnern aus dem Grabe wieder,
   Ewig, ewig würgt sein Meineid fort,
Ewig — hier umstrikte mich die Hyder; —
   Und vollendet war der Mord —

Joseph! Joseph! auf entfernte Meilen
90   Jage dir der grimme Schatten nach,
Mög mit kalten Armen dich ereilen,
   Donnre dich aus Wonneträumen wach,
Im Gestimmer sanfter Sterne zuke
   Dir des Kindes grasser Sterbeblik,
95 Es begegne dir im blutgen Schmuke,
   Geißle dich vom Paradiß zurük.

Seht! da lag es — lag im warmen Blute,
   Das noch kurz im Mutterherzen sprang,
Hingemezelt mit Erinnysmuthe,
100   Wie ein Veilchen unter Senfenklang; — —
Schröklich pocht' schon des Gerichtes Bote,
   Schröklicher mein Herz!
Freudig eilt' ich, in dem kalten Tode
   Auszulöschen meinen Flammenschmerz.

105 Joseph! Gott im Himmel kann verzeihen,
   Dir verzeiht die Sünderin.
Meinen Groll will ich der Erde weihen,
   Schlage, Flamme, durch den Holzstoß hin —
Glüklich! Glüklich! Seine Briefe lodern,
110   Seine Eide frißt ein siegend Feu'r,
Seine Küße! — wie sie hochan flodern! —
   Was auf Erden war mir einst so theu'r?

Trauet nicht den Rosen eurer Jugend,
   Trauet, Schwestern, Männerschwüren nie!
115 Schönheit war die Falle meiner Jugend,
   Auf der Richtstatt hier verfluch ich sie! —
Zähren? Zähren in des Würgers Bliken?
   Schnell die Binde um mein Angesicht!
Henker, kannst du keine Lilje knikken?
120   Bleicher Henker, zittre nicht! — — —

                                    Y.

12

In einer Bataille,
von einem Offizier

    Schwer und dumpfig
     Eine Wetterwolke,
Durch die grüne Ebne schwankt der Marsch.
  Zum wilden eisernen Würfelspiel
5 Strekt sich unabsehlich des Gefilde.
  Blike kriechen niederwärts,
An die Rippen pocht das Männerherz,
  Vorüber an holen Todengesichtern
    Niederjagt die Front der Major:
10   Halt!
Und Regimenter fesselt das starre Kommando.
    Lautlos steht die Front.

  Prächtig im glüenden Morgenroth
  Was blizt dorther vom Gebürge?
15 Seht ihr des Feindes Fahnen wehn?
  Wir sehn des Feindes Fahnen wehn,
  Gott mit euch, Weib und Kinder!
  Lustig! hört ihr den Gesang?
  Trommelwirbel, Pfeiffenklang
20 Schmettert durch die Glieder.
Wie braußt es fort im schönen wilden Takt!
Und braußt durch Mark und Bein.

    Gott befohlen, Brüder!
    In einer andern Welt wieder!

25 Schon fleugt es fort wie Wetterleucht,
Dumpf brüllt der Donner schon dort,
Die Wimper zukt, hier kracht er laut,
Die Losung braußt von Heer zu Heer,
Laß brausen in Gottes Namen fort,
30 Freier schon athmet die Brust.

    Der Tod ist los — schon woogt sich der Kampf.
    Eisern im wolkigten Pulverdampf,
    Eisern fallen die Würffel.

Nah umarmen die Heere sich,
35 Fertig! heults von Ploton zu Ploton,
Auf die Kniee geworfen
Feur'n die Vordern, viele stehen nicht mehr auf,
Lüken reißt die streifende Kartetsche,
Auf Vormanns Rumpfe springt der Hintermann,
40 Verwüstung rechts und links und um und um,
Bataillone niederwälzt der Tod.

---

12 Anth. s. 49—53

```
                Die Sonn löscht aus — heiß brennt die Schlacht,
                Schwarz brütet auf dem Heer die Nacht.
                    Gott befohlen, Brüder!
45                  In einer andern Welt wieder!

    Hoch sprizt an den Naken das Blut,
    Lebende wechseln mit Todten, der Fuß
    Strauchelt über den Leichnamen —
    „Und auch du, Franz?" — „„Grüße mein Lottchen, Freund!""
50  Wilder immer wüthet der Streit,
    „Grüßen will ich" — Gott! Kameraden! seht,
    Hinter uns wie die Kartetsche springt!
    „Grüßen will ich dein Lottchen, Freund.
    „Schlummre sanft; wo die Kanone sich
55  „Heischer speit, stürz ich Verlaßner hinein."

                Hieher, dorthin schwankt die Schlacht,
                Finstrer brütet auf dem Heer die Nacht.
                    Gott befohlen, Brüder!
                    In einer andern Welt wieder!

60  Horch! was strampft im Galopp vorbei?
        Die Adjutanten fliegen:
    Dragoner rasseln in den Feind,
        Und seine Donner ruhen.
        Victoria, Brüder!
65  Schreken reißt die faigen Glieder!
    Und seine Fahne sinkt.

                Entschieden ist die scharfe Schlacht,
                Der Tag blikt siegend durch die Nacht!
                Horch! Trommelwirbel, Pfeiffenklang
70              Stimmen schon Triumfgesang!
                Lebt wohl, ihr gebliebenen Brüder!
                In einer andern Welt wieder.
```

v. R.

13
An die Parzen

```
    Nicht ins Gewühl der rauschenden Redouten,
        Wo Stuzerwiz sich wunderherrlich spreißt,
    Und leichter als das Nez der fliegenden Bajouten
        Die Tugend junger Schönen reißt; —

5   Nicht vor die schmeichlerische Toilette,
        Wovor die Eitelkeit als ihrem Gözen kniet
    Und oft in wärmere Gebete
        Als zu dem Himmel selbst entglüht; —

    Nicht hinter der Gardinen listgen Schleyer,
10      Wo heuchlerische Nacht das Aug der Welt betrügt
    Und Herzen, kalt im Sonnenfeuer,
        In glüende Begierden wiegt,
```

---

13 Anth. s. 54—57

Wo wir die Weisheit schaamroth überraschen,
　　Die kühnlich Föbus' Stralen trinkt,
Wo Männer gleich den Knaben diebisch naschen,
　　Und Plato von den Sfären sinkt; —

Zu dir — zu dir, du einsames Geschwister,
　　Euch Töchtern des Geschickes flieht
Bey meiner Laute leiserem Geflister
　　Schwermüthig süß mein Minnelied;

Ihr einzigen, für die noch kein Sonnet gegirret,
　　Um deren Geld kein Wucherer noch warb,
Kein Stuzer noch Klagarien geschwirret,
　　Kein Schäfer noch arkadisch starb;

Die ihr den Nervenfaden unsers Lebens
　　Durch weiche Finger sorgsam treibt,
Bis unterm Klang der Scheere sich vergebens
　　Die zarte Spinnewebe sträubt.

Daß du auch mir den Lebensfaden spinntest,
　　Küß ich, o Klotho, deine Hand; —
Daß du noch nicht den jungen Faden trenntest,
　　Nimm, Lachesis, diß Blumenband.

Oft hast du Dornen an den Faden,
　　Noch öfter Rosen dran gereiht,
Für Dorn' und Rosen an dem Faden
　　Sey, Klotho, dir diß Lied geweiht;

Oft haben stürmende Affekte
　　Den weichen Zwirn herumgezerrt,
Oft riesenmäßige Projekte
　　Des Fadens freien Schwung gesperrt;

Oft in wollüstig süser Stunde
　　War mir der Faden fast zu fein,
Noch öfter an der Schwermut Schauerschlunde
　　Mußt' er zu fest gesponnen seyn:

Diß, Klotho, und noch andre Lügen
　　Bitt ich dir izt mit Thränen ab,
Nun soll mir auch fortan genügen,
　　Was mir die weise Klotho gab.

Nur laß an Rosen nie die Scheere klirren,
　　An Dornen nur — doch wie du willst.
Laß, wenn du willst, die Todenscheere klirren,
　　Wenn du diß eine nur erfüllst.

Wenn, Göttin, izt an Laurens Mund beschworen
　　Mein Geist aus seiner Hülse springt,
Verrathen ob des Todenreiches Thoren
　　Mein junges Leben schwindelnd hängt,

Laß ins Unendliche den Faden wallen,
Er wallet durch ein Paradis,
Dann, Göttinn, laß die böse Scheere fallen!
60 O laß sie fallen, Lachesis!

Y.

14
Der Triumf der Liebe,
eine Hymne

Seelig durch die Liebe
Götter — durch die Liebe
Menschen Göttern gleich!
Liebe macht den Himmel
5 Himmlischer — die Erde
Zu dem Himmelreich.

Einstens hinter Pyrrhas Rüken.
Stimmen Dichter ein,
Sprang die Welt aus Felsenstüken,
10 Menschen aus dem Stein.

Stein und Felsen ihre Herzen,
Ihre Seelen Nacht,
Von des Himmels Flammenkerzen
Nie in Glut gefacht.

15 Noch mit sanften Rosenketten
Banden junge Amoretten
Ihre Seelen nie —
Noch mit Liedern ihren Busen
Huben nicht die weichen Musen,
20 Nie mit Saitenharmonie.

Ach! noch wanden keine Kränze
Liebende sich um!
Traurig flüchteten die Lenze
Nach Elisium.

25 Ungegrüßet stieg Aurora
Aus dem Schoos Ozeanus',
Ungeküsset sank die Sonne
In die Arme Hesperus'.

Wild umirrten sie die Hayne
30 Unter Lunas Nebelscheine,
Trugen eisern Joch.
Sehnend an der Sternenbühne
Suchte die geheime Thräne
Keine Götter noch.

14 Anth. s. 58—68

35　Und sieh! der blauen Fluth entquillt
　　Die Himmelstochter sanft und mild.
　　　Getragen von Najaden
　　　Zu trunkenen Gestaden.

　　Ein jugendlicher Mayenschwung,
40　Durchwebt wie Morgendämmerung
　　　Auf das allmächtge Werde
　　　Luft, Himmel, Meer und Erde.

　　Schon schmilzt der wütende Orkan
　　(Einst züchtigt' er den Ozean
45　　Mit rasselndem Gegeissel)
　　　In lispelndes Gesäusel.

　　Des holden Tages Auge lacht
　　In düstrer Wälder Winternacht,
　　　Balsamische Narzissen
50　　Blühn unter ihren Füßen.

　　Schon flötete die Nachtigall
　　　Den ersten Sang der Liebe.
　　Schon murmelte der Quellen Fall
　　　In weiche Busen Liebe.

55　Glükseeliger Pygmalion!
　　Es schmilzt, es glüht dein Marmor schon!
　　Gott Amor Ueberwinder!
　　　Glükseeliger Deukalion!
　　Wie hüpfen deine Felsen schon
60　Und äugeln schon gelinder!
　　　Glükseeliger Deukalion,
　　Umarme deine Kinder!

　　　Seelig durch die Liebe
　　　Götter — durch die Liebe
65　　Menschen Göttern gleich!
　　　Liebe macht den Himmel
　　　Himmlischer — die Erde
　　　Zu dem Himmelreich.

　　Unter goldnem Nektarschaum
70　Ein wollüstger Morgentraum,
　　　Ewig Lustgelage,
　　　Fliehn der Götter Tage.

　　Prächtig spricht Chronions Donnerhorn,
　　Der Olympus schwankt erschroken,
75　Wallen zürnend seine Loken,
　　　Sfärenwirbeln gibt sein Athem Sporn,
　　Göttern läßt er seine Throne,
　　Niedert sich zum Erdensohne,
　　　Seufzt arkadisch durch den Hayn;
80　Zahme Donner untern Füßen,
　　Schläft, gewiegt von Ledas Küssen,
　　　Schläft der Riesentöder ein.

Majestätsche Sonnenrosse
  Durch des Lichtes weiten Raum
85 Leitet Föbus' goldner Zaum,
Völker stürzt sein rasselndes Geschosse;
  Seine weissen Sonnenrosse,
  Seine rasselnden Geschosse,
Unter Lieb und Harmonie,
90 Ha! wie gern vergaß er sie!

Zitternd vor der Götterfürstin
Krümmen sich die Götter, dürsten
  Nach der Gnade goldnem Thau.
Sonnenglanz ist ihre Schminke,
95 Myriaden jagen ihrem Winke,
  Stolz vor ihrem Wagen prahlt der Pfau.

Schöne Fürstin! ach, die Liebe
Zittert, mit dem süßen Triebe
  Deiner Majestät zu nahn.
100 Seht ihr Chronos' Tochter weinen?
Geister kann ihr Wink versteinen,
  Herzen weißt sie nicht zu fahn.

    Seelig durch die Liebe
    Götter — durch die Liebe
105 Menschen Göttern gleich!
    Liebe macht den Himmel
    Himmlischer — die Erde
    Zu dem Himmelreich.

Liebe sonnt das Reich der Nacht,
110 Amors süßer Zaubermacht
Ist der Orkus unterthänig,
Freundlich schmollt der schwarze König,
Wenn ihm Zeres' Tochter lacht;
Liebe sonnt das Reich der Nacht.

115 Himmlich in die Hölle klangen
Und den wilden Beller zwangen
  Deine Lieder, Thrazier —
Minos, Thränen im Gesichte,
Mildete die Qualgerichte,
120 Zärtlich um Megärens Wangen
Küßten sich die wilden Schlangen,
  Keine Geissel klatschte mehr,
Aufgejagt von Orfeus' Leyer
Flog von Tityon der Geyer,
125 Leiser hin am Ufer rauschten
Lethe und Kozytus, lauschten
  Deinen Liedern, Thrazier,
  Liebe sangst du, Thrazier.

    Seelig durch die Liebe
130 Götter — durch die Liebe
    Menschen Göttern gleich.

   Liebe macht den Himmel
   Himmlischer — die Erde
   Zu dem Himmelreich.

135 Durch die ewige Natur
Düftet ihre Blumenspur,
 Weht ihr goldner Flügel.
  Winkte mir vom Mondenlicht
  Afroditens Auge nicht,
140 Nicht vom Sonnenhügel,
 Lächelte vom Sternenmeer
 Nicht die Göttin zu mir her,
Wehte nicht ihr Flügel
 In des Frühlings Balsamhauch,
145 Liebe nicht im Rosenstrauch,
Nicht im Kuß der Weste:
 Stern und Sonn und Mondenlicht,
 Frühling, Rosen, Weste nicht
Lüden mich zum Feste.
150 Liebe, Liebe lächelt nur
  Aus dem Auge der Natur
  Wie aus ihrem Spiegel!

 Liebe rauscht der Silberbach,
 Liebe lehrt ihn sanfter wallen;
155 Seele haucht sie in das Ach
 Klagenreicher Nachtigallen,
 Unnachahmliches Gefühl
  In der Saiten Wonnespiel,
 Wenn sie Laura! hallen.
160 Liebe, Liebe lispelt nur
  Auf der Laute der Natur.

 Weisheit mit dem Sonnenblik,
 Große Göttin, tritt zurük,
  Weiche vor der Liebe!
165 Nie Erobrern, Fürsten nie
 Beugtest du ein Sklavenknie,
  Beug es izt der Liebe!
 Wer die steile Sternenbahn
 Gieng dir Heldenkühn voran
170 Zu der Gottheit Size?
 Wer zerriß das Heiligthum,
 Zeigte dir Elisium
  Durch des Grabes Rize?
 Lokte sie uns nicht hinein,
175 Möchten wir unsterblich seyn?
 Suchten auch die Geister
  Ohne sie den Meister?
  Liebe, Liebe leitet nur
  Zu dem Vater der Natur,
180 Liebe nur die Geister.

  162—164. 168—180 auch in den 'Philosophischen Briefen', Thalia 1785. 3. heft s. 132. Dort v. 175 unsterblich nicht gesperrt

Seelig durch die Liebe
Götter — durch die Liebe
Menschen Göttern gleich.
Liebe macht den Himmel
185 Himmlischer — die Erde
Zu dem Himmelreich.

       Y.

15
Klopstok und Wieland
(als ihre Silhouette neben einander hiengen)

Gewiß! bin ich nur überm Strome drüben,
Gewiß will ich den Mann zur Rechten lieben,
 Dann erst schrieb dieser Mann für mich.
Für Menschen hat der linke Mann geschrieben,
5 Ihn darf auch unser einer lieben,
 Komm, linker Mann! Ich küsse dich.

       A.

16
Gespräch

A. Hört, Nachbar, muß euch närrisch fragen,
 Herr Doktor Sänftel, hör ich sagen,
 Ist euch noch frisch und ganz,
 Wenn zu Paris gar herben Tanz
5 Herr Onkle that am Pferdeschwanz,
 Und hat doch'n Churfürsten todgschlagen?

B. Drum seid auch nicht so bretterdumm,
 Das macht, er hat euch 'n Diplom,
 Das thät jener nicht haben.

10 A. Ey! 'n Diplom!
 Kauft sich das auch in Schwaben?

       D.

17
Vergleichung

Frau Ramlerin befiehlt, ich soll sie wem vergleichen,
Ich sinne nach und weiß nicht, wem und wie.
Nichts unterm Mond will mir ein Bildniß reichen,
 Wohl! mit dem Mond vergleich ich sie.

---

15 Anth. s. 68
16 Anth. s. 69
17 Anth. s. 70. 71

Der Mond schminkt sich und stielt der Sonne Stralen,
 Thut auf gestohlen Brod sich wunderviel zu gut.
Auch sie gewohnt, ihr Nachtgesicht zu malen,
 Und kokettirt mit einer Büchse Blut.

Der Mond — und das mag ihm Herodes danken! —
 Verspart sein Bestes auf die liebe Nacht.
Frau Ramlerin verzehrt bei Tag die Franken,
 Die sie zu Nachtzeit eingebracht.

Der Mond schwillt an und wird dann wieder mager,
 Wenn eben halt ein Monat über ist;
Auch dieses hat Frau Ramlerin vom Schwager,
 Doch, sagt man, braucht sie längre Frist!

Der Mond prunkirt auf sein paar Silbenhörner,
 Und dieses macht er schlecht,
Sie sieht sie an Herrn Ramler gerner,
 Und darinn hat sie recht.

       D.

18
Die Rache der Musen,
eine Anekdote vom Helikon

Weinend kamen einst die Neune
 Zu dem Liedergott.
„Hör, Papachen", rief die kleine,
 „Wie man uns bedroht!

„Junge Dintenleker schwärmen
 Um den Helikon,
Rauffen sich, handthieren, lermen
 Bis zu deinem Thron.

„Galoppiren auf dem Springer,
 Reiten ihn zur Tränk,
Nennen sich gar hohe Sänger,
 Barden ein'ge, denk!

„Wollen uns — wie garstig! — nöthen,
 Ey! die Grobian!
Was ich, ohne Schaamerröthen,
 Nicht erzählen kann;

„Einer brüllt heraus vor allen,
 Schreit: Ich führ das Heer!
Schlägt mit beiden Fäust und Ballen
 Um sich wie ein Bär.

„Pfeift wohl gar — wie ungeschliffen! —
 Andre Schläfer wach.

    Zweimal hat er schon gepfiffen,
        Doch kommt keiner nach.
25 „Droht, er komm noch öfter wieder;
        Da sey Zevs dafür!
    Vater, liebst du Sang und Lieder,
        Weis' ihm doch die Thür!"

    Vater Föbus hört' mit Lachen
30   Ihren Klagbericht:
    „Wollens kurz mit ihnen machen,
        Kinder, zittert nicht!

    „Eine muß ins höllsche Feuer,
        Geh, Melpomene!
35 Leihe Kleider, Noten, Leyer
        Einer Furie.

    „Sie begegn' in dem Gewande,
        Als wär sie verirrt,
    Einem dieser Jaunerbande,
40   Wenn es dunkel wird.

    „Mögen dann in finstern Küssen
        An dem artgen Kind
    Ihre wilden Lüste büßen,
        Wie sie würdig sind."

45 Red' und That! — Die Höllengöttin
        War schon aufgeschmükt.
    Man erzählt, die Herren hätten
        Kaum den Raub erblikt,

    Wären, wie die Gey'r auf Tauben,
50   Losgestürzt auf sie —
    Etwas will ich daran glauben,
        Alles glaub ich nie.

    Waren hübsche Jungens drunter;
        Wie geriethen sie,
55 Dieses, Brüder, nimmt mich wunder,
        In die Kompagnie?

    Die Göttinn abortirt hernach:
    Kam 'raus ein neuer — Allmanach.

19
Das Glük und die Weisheit

Entzweit mit einem Favoriten,
    Flog einst Fortun' der Weisheit zu.

---

19 Anth. s. 76. 77

„Ich will dir meine Schäze bieten,
„Sei meine Freundinn du!

5 „Mein Füllhorn goß ich dem Verschwender
„In seinen Schoos so mütterlich!
„Und sieh! Er fodert drum nicht minder
„Und nennt noch geizig mich.

„Komm, Schwester, laß uns Freundschaft schliessen,
10 „Du keuchst so schwer an deinem Pflug,
„In deinen Schoos will ich sie giessen,
„Auf, folge mir! — Du hast genug."

Die Weisheit läßt die Schaufel sinken
Und wischt den Schweiß vom Angesicht:
15 „Dort eilt dein Freund — sich zu erhenken,
„Versöhnet euch — ich brauch dich nicht."

Kr.

20
An einen Moralisten
Fragment

Betagter Renegat der lächelnden Dione!
   Du lehrst, daß Lieben Tändeln sey,
Blikst von des Alters Winterwolkenthrone
   Und schmälest auf den goldnen May.

5 Erkennt Natur auch Schreibepultgeseze?
   Für eine warme Welt — taugt ein erfrorner Sinn?
Die Armuth ist, nach dem Aesop, der Schäze
   Verdächtige Verächterin.

Einst, als du noch das Nymfenvolk bekriegtest,
10 Ein Furst des Karnevals den teutschen Wirbel flogst,
Ein Himmelreich in beiden Armen wiegtest
   Und Nektarduft von Mädchenlippen zogst —

Ha, Seladon! wenn damals aus den Achsen
   Gewichen wär so Erd als Sonnenball,
15 In Wirbelschwung mit Julien verwachsen,
   Du hättest überhört den Fall!

Und wenn nach manchem fehlgesprengten Minen
   Ihr eignes Blut, von wilder Lust geglüht,
Die stolze Tugend deiner Schönen
20   Zulezt an deine Brust verrieth —

Wie? oder wenn romantisch im Gehölze
   Ein leiser Laut zu deinen Ohren drang,
Und in der Wellen silbernem Gewälze
   Ein Mädchen Sammetglieder schwang —

25 Wie schlug dein Herz! wie stürmete! wie kochte
   Aufrührerisch das scharfgejagte Blut!

---

20 Anth. s. 78—81

Zukt jede Senn — und jeder Muskel pochte
Wollüstig in die Flut!

30 Wenn dann, gewahr des Diebs, der sie belauschte,
Purpurisch angehaucht von jungferlicher Schaam,
Ins blaue Bett die Schöne niederrauschte,
Und hintennach mein strenger Zeno — schwamm;

Ja, hintennach — und sey's auch nur, zu baden!
Mit Rok und Kamisol und Strumpf —
— — — — — — — — — — — — —

35 Leis flöteten die lüsternen Najaden
Der Grazien Triumf!

O, denk zurük nach Deinen Rosentagen
Und lerne: die Philosopie
Schlägt um, wie unsre Pulse anders schlagen,
40 Zu Göttern schafst du Menschen nie.

Wohl! wenn ins Eis des klügelnden Verstandes
Das warme Blut ein bischen muntrer springt!
Laß den Bewohnern eines bessern Landes,
Was ewig nie dem Erdensohn gelingt.

45 Zwingt doch der thierische Gefährte
Den gottgebornen Geist in Sklavenmauren ein —
Er wehrt mir, daß ich Engel werde;
Ich will ihm folgen, Mensch zu seyn.

M.

21
Grabschrift eines gewissen — Physiognomen

Weß Geistes Kind im Kopf gesessen,
Konnt' er auf jeder Nase lesen:
Und doch — daß er es nicht gewesen,
Den Gott zu diesem Werk erlesen,
5 Konnt' er nicht auf der seinen lesen.

D.

22
Eine Leichenfantasie
1780
(in Musik zu haben beim Herausgeber)

Mit erstorbnem Scheinen
Steht der Mond auf todenstillen Haynen,

---

21 Anth. s. 81
22 Anth. s. 82—87 abschrift einer älteren fassung in dem poesiebuch von Schillers mitschüler Anton v. Herrenschwand, veröffentlicht von R. Weltrich in der Frankfurter Zeitung 1910, nr. 200, 22. juli. Darin folgende abweichungen: überschr.: Der Leichenzug.

Stammler, Schillers Anthologie-Gedichte.

Seufzend streicht der Nachtgeist durch die Luft —
 Nebelwolken schauern,
  Sterne trauern
 Bleich herab, wie Lampen in der Gruft.
Gleich Gespenstern, stumm und hohl und hager,
Zieht in schwarzem Todenpompe dort
Ein Gewimmel nach dem Leichenlager
 Unterm Schauerflor der Grabnacht fort.

  Zitternd an der Krüke
 Wer mit düstern rükgesunknem Blike,
 Ausgegossen in ein heulend Ach,
Schwer geneckt vom eisernen Geschike,
Schwankt dem stummgetragnen Sarge nach?
Floß es „Vater" von des Jünglings Lippe?
Nasse Schauer schauern: fürchterlich
Durch sein gramgeschmolzenes Gerippe,
Seine Silberhaare bäumen sich. —

Aufgerissen seine Feuerwunde!
Durch die Seele Höllenschmerz!
„Vater" floß es von des Jünglings Munde,
„Sohn" gelispelt hat das Vaterherz.
Eiskalt, eiskalt liegt er hier im Tuche,
Und dein Traum so golden einst, so süß!
Süß und golden, Vater, dir zum Fluche!
Eiskalt, eiskalt liegt er hier im Tuche!
Deine Wonne und dein Paradis! —

Mild, wie, umweht von Elisiumslüften,
 Wie, aus Auroras Umarmung geschlüpft,
Himmlisch umgürtet mit rosigten Düften,
 Florens Sohn über das Blumenfeld hüpft,
Flog er einher auf den lachenden Wiesen,
 Nachgespiegelt von silberner Flut,
Wollustflammen entsprühten den Küssen,
 Jagten die Mädchen in liebende Glut.

Mutig sprang er im Gewühle der Menschen,
 Wie auf Gebirgen ein jugendlich Reh,
Himmelan flog er in schweifenden Wünschen,
 Hoch wie die Adler in wolkigter Höh,
Stolz, wie die Rosse sich sträuben und schäumen,
 Werfen im Sturme die Mähnen umher,
Königlich wider den Zügel sich bäumen,
 Trat er vor Sklaven und Fürsten daher.

---

4 Nebelwolken weinen 5 Sterne scheinen 8 im schwarzen 14 vom schmelmischen Geschicke 15 Schleicht dem 20 deine 24 Eiskalt, Vater, liegt er hier im Sarge 26 Donnert, donnert dir im innern Marke 27 Eiskalt, eiskalt liegt er hier im Sarge 29 von elisischen Lüften 32 Mayensohn über 33 Floh er 35 Feuerflammen 36 Mägdchen 37 in dem Kreise 39 Himmelan [Himmelum in der Anth. druckfehler?] 40 Ha! wie die Adler in sonniger Höh! 42 im Stürmen 43 die Zügel

45 Heiter wie Frühlingstag schwand ihm das Leben,
    Floh ihm vorüber in Hesperus' Glanz,
    Klagen ertränkt' er im Golde der Reben,
    Schmerzen verhüpft' er im wirbelnden Tanz.
    Welten schliefen im herrlichen Jungen,
50   Ha! wenn er einsten zum Manne gereift —
    Freue dich, Vater! — im herrlichen Jungen
       Wenn einst die schlafenden Keime gereift!

    Nein doch, Vater — Horch! die Kirchhofthüre brauset,
       Und die eh'rnen Angel klirren auf —
55 Wie's hinein ins Grabgewölbe grauset! —
       Nein doch, laß den Thränen ihren Lauf! —
    Geh, du holder, geh im Pfad der Sonne
       Freudig weiter der Vollendung zu,
    Lösche nun den edeln Durst nach Wonne,
60   Gramentbundner, in Walhallas Ruh —

    Wiedersehen — himmlischer Gedanke! —
       Wiedersehen dort an Edens Thor!
    Horch! der Sarg versinkt mit dumpfigem Geschwanke,
       Wimmernd schnurrt das Todenseil empor!
65 Da wir trunken um einander rollten,
       Lippen schwiegen, und das Auge sprach —
    Haltet! haltet! da wir boshaft grollten —
       Aber Thränen stürzten wärmer nach — —

    Mit erstorbnem Scheinen
70 Steht der Mond auf todenstillen Hainen,
    Seufzend streicht der Nachtgeist durch die Luft.
       Nebelwolken schauern,
       Sterne trauern
    Bleich herab, wie Lampen in der Gruft.
75 Dumpfig schollert's überm Sarg zum Hügel,
    O um Erdballs Schäze nur noch einen Blik!
    Starr und ewig schließt des Grabes Riegel,
    Dumpfer — dumpfer schollert's über'm Sarg zum Hügel,
    Nimmer gibt das Grab zurük.

                                                    Y).

23
Aktäon

Wart! Deine Frau soll dich betrügen,
Ein andrer soll in ihren Armen liegen,
Und Hörner dir hervor zum Kopfe blühn!

---

46 Flog ihm   49 Welten entschliefen: im zärtlichen Jungen
50 einstens — druckfehler in der Anth.: Mann   52 Wann   53 Ha!
die Kirchhofthüre   57 Geh, du holder Jüngling, geh   59 den heißen
Durst   66 Lippen stummten   72 Nebelwolken weinen   73 Sterne
greinen   75 Dumpfer   77 schließen Grabes Riegel   78 fehlt
79 Nimmer, nimmer, nimmer gibt
23 Anth. s. 100.

Entseklich! mich im Bad zu überraschen
(Die Schande kann kein Aetherbad verwaschen)
Und mir nichts, dir nichts — fortzufliehn!

D.

24
Zuversicht der Unsterblichkeit

Zum neuen Leben ist der Tode hier erstanden,
Das weiß und glaub ich festiglich.
Mich lehrens schon die Weisen ahnden,
Und Schurken überzeugen mich.

D.

25
Vorwurf, an Laura

Mädchen, halt — wohin mit mir, du Lose?
Bin ich noch der stolze Mann? der Grose?
Mädchen, war das schön?
Sieh! Der Riese schrumpft durch dich zum Zwerge,
Weggehaucht die aufgewälzten Berge
Zu des Ruhmes Sonnenhöhn.

Abgepflücket hast du meine Blume,
Hast verblasen all die Glanzfantome,
Narrentheidigst in des Helden Raub.
Meiner Plane stolze Pyramiden
Trippelst du mit leichten Zefyrtritten
Schäkernd in den Staub.

Zu der Gottheit flog ich Adlerpfade,
Lächelte Fortunens Gaukelrade,
Unbesorgt, wie ihre Kugel fiel.
Jenseits dem Kozytus wollt' ich schweben
Und empfange sklavisch Tod und Leben,
Leben, Tod von einem Augenspiel.

Siegern gleich, die wach von Donnerlanzen
In des Ruhmes Eisenfluren tanzen,
Losgerissen von der Freyen Brust,
Wallet aus Aurorens Rosenbette
Gottes Sonne über Fürstenstädte,
Lacht die junge Welt in Lust!

Hüpft der Heldin noch dis Herz entgegen?
Trink ich Adler noch den Flammenregen
Ihres Auges, das vernichtend brennt?

---

24 Anth. s. 100
25 Anth. s. 101—105

In den Bliken, die vernichtend blinken,
Seh ich meine Laura Liebe winken,
30 Seh's und weine wie ein Kind.

Meine Ruhe, gleich dem Sonnenbilde
In der Welle, wolkenlos und milde,
 Mädchen, hast du hingemordt.
Schwindelnd schwank ich auf der gähen Höhe,
35 Laura? — wenn mich — wenn mich Laura flöhe?
 Und hinunterstrudelt mich das Wort.

Hell ertönt das Evoe der Zecher,
Freuden winken vom bekränzten Becher,
 Scherze springen aus dem goldnen Wein.
40 Seit das Mädchen meinen Sinn beschworen,
Haben mich die Jünglinge verloren,
 Freundlos irr ich und allein.

Lausch ich noch des Ruhmes Donnerglokken?
Reizt mich noch der Lorbeer in den Loken?
45 Deine Leyr, Apollo Zynthius?
Nimmer, nimmer wiederhallt mein Busen,
Traurig fliehen die beschämten Musen,
 Flieht Apollo Zynthius?

Will ich gar zum Weibe noch erlahmen?
50 Hüpfen noch bei Vaterlandes Namen
 Meine Pulse lebend aus der Gruft?
Will ich noch nach Varus' Adler ringen?
Wünsch ich noch in Römerblut zu springen,
 Wenn mein Hermann ruft? —

55 Köstlich ists — den Schwindel starrer Augen,
Seiner Tempel Weihrauchduft zu saugen,
 Stolzer, kühner schwillt die Brust. —
Kaum erbettelt izt ein halbes Lächeln,
Was in Flammen jeden Sinn zu fächeln,
60 Zu empören jede Kraft gewußt. —

Daß mein Ruhm sich zum Orion schmiegte,
Hoch erhoben sich mein Name wiegte
 In des Zeitstroms woogendem Gewühl!
Daß dereinst an meinem Monumente,
65 Stolzer thürmend nach dem Firmamente,
 Chronos' Sense splitternd niederfiel' —

Lächelst du? — Nein! nichts hab ich verloren!
Stern und Lorbeer neid ich nicht den Thoren,
 Leichen ihre Marmor nie —
70 Alles hat die Liebe mir errungen,
Ueber Menschen hätt' ich mich geschwungen,
 Izo lieb ich sie!   Y.

---

55 druckfehler: der Schwindel

26
Ein Vater
an seinen Sohn

Wie die Himmelslüfte mit den Rosen
An den Frühlingsmorgen zärtlich kosen,
  Kind, so schmeichelt dir
Izt das äufre Glük in deinen Jugendtagen,
5 Thränen sahst du nur; noch rangen keine Klagen
  Sich aus deiner Brust hersür.

Aber sieh! der Hain, der kaum entzüket,
Neigt sich, plözlich rast der Sturm, zerkniket
  Liegt die Rosenblum!
10 O, so ist es, Sohn, mit unsern Sinnesfreuden,
Unserm Golde, unsern lichten Herrlichkeiten,
  So mit unserm Flitterruhm.

Nur des Höchsten Abglanz, der Gerechte,
Welcher in dem schröklichen Gesechte
15   Zwischen Lust und Pflicht
Jener sich entringt, der höhern Weisheit Stimme
Folget, troz der Selbstsucht heißem Grimme,
  Die sein Herz mit Schwerdern sticht —

Dessen Wollust trägt von hier die Bahre
20 Nicht, es löscht sie nicht der Strom der Jahre,
  Nicht die Ewigkeit:
Angeleuchtet könnt' er in den lezten Blizen
Und vom Weltenumsturz angeschwungen sizen
  Ohne Menschenbangigkeit.

              W.

27
Die Messiade

Religion beschenkte diß Gedicht,
Auch umgekehrt? — Das fragt mich nicht.
              Kr.

28
Kastraten und Männer

Ich bin ein Mann! — wer ist es mehr?
  Wers sagen kann, der springe
Frei unter Gottes Sonn einher
  Und hüpfe hoch und singe!

---

26 Anth. s. 110. 111
27 Anth. s. 111
28 Anth. s. 115—122

     Zu Gottes schönem Ebenbild
        Kann ich den Stempel zeigen,
     Zum Born, woraus der Himmel quillt,
        Darf ich hinunter steigen.

     Und wol mir, daß ichs darf und kann!
        Geht's Mädchen mir vorüber,
     Ruft's laut in mir: Du bist ein Mann!
        Und küsse sie so lieber.

     Und röther wird das Mädchen dann,
        Und's Mieder wird ihr enge —
     Das Mädchen weißt, ich bin ein Mann,
        Drum wird ihr's Mieder enge.

     Wie wird sie erst um Gnade schrei'n,
        Ertapp ich sie im Bade?
     Ich bin ein Mann, das fällt ihr ein,
        Wie schrie sie sonst um Gnade?

     Ich bin ein Mann, mit diesem Wort,
        Begegn' ich ihr alleine,
     Jag ich des Kaisers Tochter fort,
        So lumpicht ich erscheine.

     Und dieses goldne Wörtchen macht
        Mir manche Fürstin holde.
     Mich ruft sie — habt indessen Wacht,
        Ihr Buben dort im Golde!

     Ich bin ein Mann, das könnt ihr schon
        An meiner Leier riechen,
     Sie donnert wie im Sturm davon,
        Sonst würde sie ja kriechen.

     Zum Feuergeist im Rükenmark
        Sagt meine Mannheit: Bruder;
     Und herrschen beide löwenstark,
        Umarmend an dem Ruder.

     Aus eben diesem Schöpferfluß,
        Woraus wir Menschen sprudeln,
     Quillt Götterkraft und Genius,
        Nur leere Pfeifen dudeln.

     Tyrannen haßt mein Talisman
        Und schmettert sie zu Boden,
     Und kann er's nicht, führt er die Bahn
        Freiwillig zu den Toden.

     Pompejen hat mein Talisman
        Bei Pharsalus bezwungen,
     Roms Wollüstlinge Mann für Mann
        Auf teutschen Sand gerungen.

     Saht ihr den Römer stolz und kraus
        In Afrika dort sizen?
     Sein Aug speit Feuerflammen aus,
        Als säht ihr Hekla blizen.

Da kommt ein Bube wolgemut,
  Gibt manches zu verstehen —
55 „Sprich, du hättst auf Karthago's Schutt
  Den Marius gesehen!" —

So spricht der stolze Römersmann,
  Der Bub that fürbaß eilen;
Das dankt der stolze Römersmann,
60 Das dankt er seinen **Pfeilen**!

Drauf thäten seine Enkel sich
  Ihr Erbtheil gar abdrehen
Und huben jedermänniglich
  Anmuthig an zu krähen. —

65 O Pfui! und Pfui! und wieder Pfui!
  Den Elenden! — sie haben
Verludertlicht in einem Hui
  Des Himmels beste Gaben,

Dem lieben Herrgott sündiglich
70 Sein Konterfei verhunzet
Und in die Menschheit schweiniglich
  Von diesem Nu gegrunzet

Und schlendern elend durch die Welt,
  Wie Kürbisse, von Buben
75 Zu Menschenköpfen ausgehölt,
  Die Schädel leere Stuben!

Wie Wein, von einem Chemikus
  Durch die Retort getrieben:
Zum Teufel ist der Spiritus,
80 Das Flegma ist geblieben! —

Und fliehen jedes Weibsgesicht
  Und zittern, es zu sehen —
Und dörften sie — und können nicht!
  Da möchten sie vergehen! —

85 Und wenn das blonde Seidenhaar,
  Und wenn die Kugelwaden,
Wenn lüstern Mund und Augenpaar
  Zum Lustgenusse laden,

Und zehenmal das Halstuch fällt,
90 Und aus den losen Schlingen,
Halbkugeln einer bessern Welt,
  Die vollen Brüste springen —

Führt gar der höllsche Schadenfroh
  Sie hin, wo Nimfen baden,
95 Daß ihre Herzen lichterloh
  Von diebschen Flammen braten,

Wo ihrem Blik der Spiegelfluß
  Elisium entziffert,

---

76 druckfehler: lerre

    Arkana, die kein Genius
100   Dem Aug je blos geliefert,

    Und Ja! die tollen Wünsche schrei'n,
      Und Nein! die Sinne brummen —
    O Tantal! stell dein Murren ein!
      Du bist noch gut durchkommen! —

105 Kein kühler Tropfen in den Brand!
      Das heiß' ich auch beteufeln!
    Gefühl ist ihnen Kontreband,
      Sonst müssen sie verzweifeln!

    Drum fliehn sie jeden Ehrenmann,
110   Sein Glük wird sie betrüben —
    Wer keinen Menschen machen kann,
      Der kann auch keinen lieben.

    Drum tret ich frei und stolz einher
      Und brüste mich und singe:
115   Ich bin ein Mann! — Wer ist es mehr?
      Der hüpfe hoch und springe!
                          D.

29
An den Frühling

    Willkommen, schöner Jüngling!
      Du Wonne der Natur!
    Mit deinem Blumenkörbchen
      Willkommen auf der Flur!

5   Ey! Ey! da bist ja wieder!
      Und bist so lieb und schön!
    Und freun wir uns so herzlich,
      Entgegen dir zu gehn.

    Denkst auch noch an mein Mädchen?
10   Ey, lieber, denke doch!
    Dort liebte mich das Mädchen,
      Und 's Mädchen liebt mich noch!

    Fürs Mädchen manches Blümchen
      Erbettelt' ich von dir —
15   Ich komm und bettle wieder,
      Und du? — du gibst es mir.

    Willkommen, schöner Jüngling!
      Du Wonne der Natur!
    Mit deinem Blumenkörbchen
20   Willkommen auf der Flur!
                          M.

---

107 druckfehler: Ihnen
29 Anth. s. 123. 124

30
Hymne an den Unendlichen

Zwischen Himmel und Erd, hoch in der Lüfte Meer,
In der Wiege des Sturms trägt mich ein Zakenfels,
   Wolken thürmen
    Unter mir sich zu Stürmen,
5 Schwindelnd gaukelt der Blik umher,
   Und ich denke dich, Ewiger.

Deinen schauernden Pomp borge dem Endlichen,
Ungeheure Natur! Du der Unendlichkeit
   Riesentochter!
10   Sei mir Spiegel Jehovahs!
Seinen Gott dem vernünftgen Wurm
   Orgle prächtig, Gewittersturm!

Horch! er orgelt — Den Fels wie er herunterdröhnt!
Brüllend spricht der Orkan Zebaoths Namen aus.
15   Hingeschrieben
   Mit dem Griffel des Blizes:
  Kreaturen, erkennt ihr mich?
  Schone, Herr! wir erkennen dich.

                   Y.

31
Die Gröse der Welt

Die der schaffende Geist einst aus dem Chaos schlug,
Durch die schwebende Welt flieg ich des Windes Flug,
   Bis am Strande
    Ihrer Wogen ich lande,
5 Anker werf', wo kein Hauch mehr weht,
Und der Markstein der Schöpfung steht.

Sterne sah ich bereits jugendlich auferstehn,
Tausendjährigen Gangs durchs Firmament zu gehn,
   Sah sie spielen
10   Nach den lokenden Zielen,
Irrend suchte mein Blik umher,
Sah die Räume schon — sternenleer.

Anzufeuren den Flug weiter zum Reich des Nichts,
Steur' ich muthiger fort, nehme den Flug des Lichts,
15   Neblicht trüber
   Himmel an mir vorüber,
Weltsysteme, Fluten im Bach,
Strudeln dem Sonnenwandrer nach.

---

30 Anth. s. 126. 127
  31 Anth. s. 128—130   16 Leitzmann, Euphorion XIV, 615 will:
Himmelan mir vorüber

Sieh, den einsamen Pfad wandelt ein Pilger mir
20 Rasch entgegen — „Halt an! Waller, was suchst du hier?"
„„Zum Gestade
Seiner Welt meine Pfade!
Seegle hin, wo kein Hauch mehr weht,
Und der Markstein der Schöpfung steht!""
25 „Steh! du seegelst umsonst — vor dir Unendlichkeit!"
„„Steh! du seegelst umsonst — Pilger, auch hinter mir!
Senke nieder,
Adlergedank, dein Gefieder!
Kühne Seeglerin Fantasie,
30 Wirf ein muthloses Anker hie!""

Y.

32
Meine Blumen

Schöne Frühlingskinder, lächelt,
  Jauchzet, Veilchen auf der Au!
Süßer Balsamathem fächelt
  Aus des Kelches Himmelblau.
5 Schön das Kleid mit Licht gestiket,
Schön hat Flora euch geschmüket
  Mit des Busens Perlenthau!
Holde Frühlingskinder, weinet!
Seelen hat sie euch verneinet,
10   Trauert, Blümchen auf der Au!

Nachtigall und Lerche flöten
  Minnelieder über euch,
Und in euren Balsambeeten
  Gattet sich das Fliegenreich.
15 Schuf nicht für die süßen Triebe
Euren Kelch zum Thron der Liebe
  So wollüstig die Natur?
Sanfte Frühlingskinder, weinet!
Liebe hat sie e u c h verneinet,
20   Trauert, Blümchen auf der Flur!

Aber wenn, vom Dorn umzingelt,
  Meine Laura euch zerknikt
Und in einen Kranz geringelt
  Thränend ihrem Dichter schikt —
25 Leben, Sprache, Seelen, Herzen,
Flügelboten süßer Schmerzen!
  Goß euch diß Berühren ein.
Von Dionen angefächelt,
Schöne Frühlingskinder, lächelt,
30   Jauchzet, Blumen in dem Hayn!

Y.

---

32 Anth. s. 132. 133

33
Das Geheimniß der Reminiszenz
An Laura

Ewig starr an Deinem Mund zu hangen,
Wer enträzelt dieses Wutverlangen?
Wer die Wollust, Deinen Hauch zu trinken,
In Dein Wesen, wenn sich Blike winken,
    Sterbend zu versinken?

Fliehen nicht verrätherisch — wie Sklaven,
Weggeworfen faigen Muths die Waffen —
Meine Geister hin im Augenblike,
Stürmend über meines Lebens Brüke,
    Wenn ich Dich erblike?

Sprich, warum entlaufen sie dem Meister?
Suchen dort die Heimat meine Geister?
Oder küssen die getrennten Brüder,
Losgerafft vom Kettenband der Glieder,
    Dort bei Dir sich wieder? —

Laura? träum' ich? ras' ich? — die Gedanken
Ueberwirbeln des Verstandes Schranken —
Sieh! der Wahnsinn ist des Räzels kunder,
Staune, Weisheit, auf des Wahnsinns Wunder
    Neidischbleich herunter!

Waren unsre Wesen schon verflochten?
War es darum, daß die Herzen pochten?
Waren wir im Stral erloschner Sonnen,
In den Tagen lang begrabner Wonnen,
    Schon in Eins zerronnen?

Ja, wir warens — Eins mit Deinem Dichter
Warst Du, Laura — warst ein Weltzernichter! —
Meine Muse sah es auf der trüben
Tafel der Vergangenheit geschrieben:
    Eins mit deinem Lieben!

Aber ach! — die sel'gen Augenblike
Weinen leiser in mein Ohr zurüke —
Könnten Grolls die Gottheit Sünder schelten,
Laura — den Monarchen aller Welten
    Würd' ich Neides schelten!

Aus den Angeln drehten wir Planeten,
Badeten in lichten Morgenröthen,
In den Loken spielten Edens Düfte,
Und den Silbergürtel unsrer Hüfte
    Wiegten Mayenlüfte.

Uns entgegen gossen Nektarquellen
Tausendrörigt ihre Wollustwellen,

Unserm Winke sprangen Chaosriegel,
Zu der Wahrheit lichtem Sonnenhügel
45   Schwang sich unser Flügel.

Unsern Augen riß der Dinge Schleyer,
Unsre Blike, flammender und freyer,
Sahen in der Schöpfung Labyrinthen,
Wo die Augen Lyonets verblinden,
50   Sich noch Räder winden —

Tief, o Laura, unter jener Wonne
Wälzte sich des Glükes Nietentonne;
Schweifend durch der Wollust weite Lande,
Warfen wir der Sätt'gung Ankerbande
55   Ewig nie am Strande —

Weine, Laura — dieser Gott ist nimmer,
Du und ich des Gottes schöne Trümmer,
Und in uns ein unersättlich Drängen,
Das verlorne Wesen einzuschlingen,
60   Gottheit zu erschwingen!

Darum, Laura, dieses Wutverlangen,
Ewig starr an deinem Mund zu hangen,
Und die Wollust, deinen Hauch zu trinken,
In dein Wesen, wenn sich Blike winken,
65   Sterbend zu versinken!

Darum fliehn verrätherisch — wie Sklaven,
Weggeworfen faigen Muts die Waffen —
Meine Geister hin im Augenblike,
Stürmend über meines Lebens Brüke,
70   Wenn ich Dich erblike!

Darum nur entlaufen sie dem Meister,
Ihre Heimat suchen meine Geister;
Losgerafft vom Kettenband der Glieder,
Küssen sich die langgetrennten Brüder
75   Wiederkennend wieder.

Töne! Flammen! zitterndes Entzüken!
Wesen lechzt, an Wesen anzurüken —
Wie beim Anblik einer Freundsgaleere
Friedensflaggen im Ostindermeere
80   Wehen lassen Heere;

Aufgejagt von froher Pulverweke,
Springt das Schiffsvolk freudig auf's Verdeke,
Hoch im Winde schwingen sie die Hüte,
Posidaons woogendes Gebiete
85   Drönt von ihrem Liede. —

War es nicht dis freudige Entsezen,
Als mir's ward, an Lauren mich zu lezen?
Ha! das Blut voll wütendem Verlangen
Drängte sich muthwillig zu den Wangen,
90   Lauren zu empfangen —

Und auch Du — da mich dein Auge spähte,
Was verrieth der Wangen Morgenröthe? — —
Floh'n wir nicht, als wären wir verwandter,
Freudig, wie zur Heimat ein Verbannter,
95   Brennend an einander? —

Sieh, o Laura, deinen Dichter weinen!
Wie verlor'ne Sterne wieder scheinen,
Flimmen öfters, flüchtig, gleich dem Blize,
Traurigmahnend an die Göttersize,
100   Stralen durch die Rize —

Oftmals lispeln der Empfindung Saiten
Leise Ahndung jener goldnen Zeiten —
Wenn sich schüchtern unsre Augen grüsen,
Seh ich träumend in den Paradiesen
105   Nektarströme fliesen. —

Ach, zu oft nur waffn' ich meine Mächte,
Zu erobern die verlornen Rechte —
Klimme kühner bis zur Nektarquelle,
Poche siegend an des Himmels Schwelle —
110   Taumle rük zur Hölle!

Wenn dein Dichter sich an deine süsen
Lippen klammert mit berauschten Küssen,
Fremde Töne um die Ohren schwirren,
Unsre Wesen aus den Fugen irren,
115   Strudelnd sich verwirren,

Und, verkauft vom Meineid der Vasallen,
Unsre Seelen ihrer Welt entfallen,
Mit des Staubs Thyrannensteuer pralen,
Tod und Leben zu wollüstgen Qualen
120   Gaukeln in den Schaalen,

Und wir beide — näher schon den Göttern —
Auf der Wonne gähe Spize klettern,
Mit den Leibern sich die Geister zanken,
Und der Endlichkeit despotsche Schranken —
125   Sterbend — überschwanken —

Waren, Laura, diese Lustsekunden
Nicht ein Diebstal jener Götterstunden?
Nicht Entzüken, die uns einst durchfuhren?
Ineinanderzukender Naturen,
130   Ach! nur matte Spuren?

Hat dir nicht ein Stral zurükgeglostet?
Hast du nicht den Göttertrank gekostet? —
Ach! ich sah den Purpur deiner Wangen! —
War es doch der Wesen, die sich schlangen,
135   Eitles Unterfangen! — —

Laura — majestätisch anzuschauen
Stand ein Baum in Edens Blumenauen:
„Seine Frucht vernein' ich eurem Gaume,

„Wißt! der Apfel an dem Wunderbaume
140 „Labt — mit Göttertraume."
Laura — weine unsers Glükes Wunde! —
Saftig war der Apfel ihrem Munde — — —
Bald — als sie sich Unschuldsvoll umrollten —
Sieh! — wie Flammen ihr Gesicht vergoldten! —
145 — Und die Teufel schmollten.

Y.

34
Gruppe aus dem Tartarus

Horch — wie Murmeln des empörten Meeres,
  Wie durch holer Felsen Beken weint ein Bach,
Stöhnt dort dumpfigtief ein schweres — leeres
  Qualerpreßtes Ach!

5   Schmerz verzerret
  Ihr Gesicht — Verzweiflung sperret
  Ihren Rachen fluchend auf.
Hol sind ihre Augen — ihre Blike
Spähen bang nach des Kozytus Brüke,
10 Folgen tränend seinem Trauerlauf. —

Fragen sich einander ängstlich leise:
  Ob noch nicht Vollendung sey? —
Ewigkeit schwingt über ihnen Kraise,
  Bricht die Sense des Saturns entzwey.

Y.

35
Die Freundschaft
(aus den Briefen Julius' an Raphael; einem noch ungedrukten Roman)

Freund! genügsam ist der Wesenlenker —
Schämen sich kleinmeisterische Denker,
  Die so ängstlich nach Gesezen spähn —
Geisterreich und Körperweltgewüle
5 Wälzet Eines Rades Schwung zum Ziele,
  Hier sah es mein Newton gehn.

Sfären lehrt es, Sklaven eines Zaumes,
Um das Herz des grosen Weltenraumes
  Labyrinthenbahnen ziehn —
10 Geister in umarmenden Systemen
Nach der grosen Geistersonne strömen,
  Wie zum Meere Bäche fliehn.

---

34 Anth. s. 147
35 Anth. s. 148—151

War's nicht diß allmächtige Getriebe,
Das zum ew'gen Jubelbund der Liebe
15   Unsre Herzen aneinander zwang?
Raphael, an deinem Arm — o Wonne!
Wag auch ich zur grosen Geistersonne
   Freudigmutig den Vollendungsgang.

Glüklich! glüklich! Dich hab ich gefunden,
20 Hab aus Millionen Dich umwunden,
Und aus Millionen mein bist Du —
Laß das Chaos diese Welt umrütteln,
Durcheinander die Atomen schütteln;
   Ewig fliehn sich unsre Herzen zu.

25 Muß ich nicht aus Deinen Flammenaugen
Meiner Wolluſt Wiederſtralen saugen?
   Nur in Dir beſtaun ich mich —
Schöner malt ſich mir dir ſchöne Erde,
Heller spiegelt in des Freunds Gebärde,
30   Reizender der Himmel ſich.

Schwermut wirft die bange Thränenlaſten,
Süſer von des Leidens Sturm zu raſten,
   In der Liebe Buſen ab; —
Sucht nicht ſelbſt das folternde Entzüken
35 In des Freunds beredten Stralenbliken
   Ungeduldig ein wollüſtges Grab? —

Stünd im All der Schöpfung ich alleine,
Seelen träumt' ich in die Felſenſteine,
   Und umarmend küßt' ich ſie —
40 Meine Klagen ſtöhnt' ich in die Lüfte,
Freute mich, antworteten die Klüfte,
   Thor genug! der süſen Sympathie.

Tode Gruppen ſind wir — wenn wir haſſen;
Götter — wenn wir liebend uns umfaſſen!
45   Lechzen nach dem ſüſen Feſſelzwang —
Aufwärts durch die tauſendfache Stufen
Zahlenloſer Geiſter, die nicht ſchufen,
   Waltet göttlich dieser Drang.

Arm in Arme, höher ſtets und höher,
50 Vom Mongolen bis zum griechſchen Seher,
   Der ſich an den lezten Seraph reyht,
Wallen wir einmüth'gen Ringeltanzes,
Bis ſich dort im Meer des ew'gen Glanzes
   Sterbend untertauchen Maaß und Zeit —

13—42 wiederabgedruckt in den 'Philosophischen Briefen'. Thalia 1785. 3. heft s. 123 f., v. 43—60 ebenda s. 130 f. mit folgenden varianten: 15 Unsre nicht gesperrt   16 deinem nicht gesperrt   18 Freudig den 19 Dich nicht gesperrt   20 Dich nicht gesp.   21 Du nicht gesp. 22 Laß das wilde Chaos wiederkehren,   23 Durch einander die Atomen stören   25 Deinen nicht gesp.   26 Meiner nicht gesp.   27 Dir nicht gesp.   35 Raphael, in deinen Seelenbliken   50 druckfehler in der Anth.: Mogolen — Thalia: Barbaren

55　Freundlos war der grose Weltenmeister,
　　Fühlte **Mangel** — darum schuf er Geister,
　　　Sel'ge Spiegel s e i n e r Seligkeit! —
　　Fand das höchste Wesen schon kein Gleiches,
　　Aus dem Kelch des ganzen Seelenreiches
60　　Schäumt i h m — die Unendlichkeit.

　　　　　　　　　　Y.

36
Der Wirtemberger

Der Name Wirtemberg
Schreibt sich von Wirt am Berg —
Ein Wirtemberger o h n e W e i n,
Kann der ein Wirtemberger seyn?

　　　　　　　　　　D.

37
Melancholie, an Laura

Laura — Sonnenaufgangsglut
Brennt in deinen goldnen Bliken,
　In den Wangen springt purpurisch Blut,
　Deiner Thränen Perlenflut
5　Nennt noch Mutter das Entzüken —
　　Dem der schöne Tropfe thaut,
　　Der darinn Vergöttrung schaut,
　Ach, dem Jüngling, der belohnet wimmert,
　Sonnen sind ihm aufgedämmert!

10　Deine Seele, gleich der Spiegelwelle
　　Silberklar und Sonnenhelle,
　Mayet noch den trüben Herbst um dich,
　　Wüsten, öd und schauerlich,
　　Lichten sich in deiner Stralenquelle,
15　Düstrer Zukunft Nebelferne
　　Goldet sich in deinem Sterne;
　Lächelst du der Reizeharmonie?
　Und ich weine über sie. —

　Untergrub denn nicht der Erde Veste
20　　Lange schon das Reich der Nacht?
　Unsre stolz aufthürmenden Palläste,
　　Unsrer Städte majestätsche Pracht
　Ruhen all auf modernden Gebeinen,
　　Deine Nelken saugen süßen Duft
25　Aus Verwesung, deine Quellen weinen
　　Aus dem Beken einer — Menschengruft.

---

56 **Mangel** nicht gesp.　　59 **W**esenreiches　　60 ihm nicht gesp.
36 Anth. s. 162　　1 druckfehler: Wirtenberg
37 Anth. s. 166—172

Blik empor — die schwimmenden Planeten,
Laß dir, Laura, seine Welten reden!
Unter ihrem Zirkel flohn
30   Tausend bunte Lenze schon,
Thürmten tausend Throne sich,
Heulten tausend Schlachten fürchterlich.
In den eisernen Fluren
Suche ihre Spuren!
35 Früher, später reif zum Grab,
Laufen, ach, die Räder ab
An Planetenuhren.

Blinze dreimal — und der Sonnen Pracht
Löscht im Meer der Todennacht!
40 Frage mich, von wannen Deine Stralen lodern!
Pralst du mit des Auges Glut?
Mit der Wangen frischem Purpurblut,
Abgeborgt von mürben Modern?
Wuchernd fürs geliehne Roth,
45 Wuchernd, Mädchen, wird der Tod
Schwere Zinsen fodern!

Rede, Mädchen, nicht dem Starken Hohn!
Eine schönre Wangenröthe
Ist doch nur des Todes schönrer Thron,
50 Hinter dieser blumigten Tapete
Spannt den Bogen der Verderber schon —
Glaub es — glaub es, Laura, deinem Schwärmer!
Nur der Tod ist's, dem dein schmachtend Auge win
Jeder deiner Stralenblike trinkt
55 Deines Lebens karges Lämpchen ärmer;
Meine Pulse, pralest Du,
Hüpfen noch so jugendlich von dannen —
Ach! die Kreaturen des Tyrannen
Schlagen tükisch der Verwesung zu.

60   Aus einander bläßt der Tod geschwind
Dieses Lächeln, wie der Wind
Regenbogenfarbigtes Geschäume,
Ewig fruchtlos suchst du seine Spur;
Aus dem Frühling der Natur,
65   Aus dem Lieben, wie aus seinem Keime
Wächst der ew'ge Würger nur.

Weh! entblättert seh ich deine Rosen liegen,
Bleich erstorben deinen süßen Mund,
Deiner Wangen wallendes Rund
70 Werden rauhe Winterstürme pflügen,
Düstrer Jahre Nebelschein
Wird der Jugend Silberquelle trüben,
Dann wird Laura — Laura nicht mehr lieben,
Laura nicht mehr liebenswürdig seyn.

75 Mädchen — stark wie Eiche stehet noch dein Dichter,
   Stumpf an meiner Jugend Felsenkraft
   Niederfällt des Todenspeeres Schaft,
   Meine Blike brennend wie die Lichter
   Seines Himmels — feuriger mein Geist
80 Denn die Lichter seines ew'gen Himmels,
   Der im Meere eignen Weltgewimmels
   Felsen thürmt und niederreißt.
   Kühn durchs Weltall steuern die Gedanken,
   Fürchten nichts — als seine Schranken.

85 Glühst du, Laura? Schwillt die stolze Brust?
   Lern' es, Mädchen, dieser Trank der Lust,
      Dieser Kelch, woraus mir Gottheit düftet —
      Laura — ist vergiftet!
   Unglükselig! unglükselig! die es wagen,
90 Götterfunken aus dem Staub zu schlagen.
      Ach, die kühnste Harmonie
      Wirft das Saitenspiel zu Trümmer,
      Und der lohe Aetherstral Genie
      Nährt sich nur vom Lebenslampenschimmer —
95   Wegbetrogen von des Lebens Thron,
      Frohnt ihm jeder Wächter schon!
   Ach! schon schwören sich, mißbraucht zu frechen Flammen,
   Meine Geister wider mich zusammen!
   Laß — ich fühls — laß, Laura, noch zween kurze
100 Lenze fliegen — und diß Moderhaus
   Wiegt sich schwankend über mir zum Sturze,
   Und in eignem Strale lösch ich aus. — —

   Weinst du, Laura? — Thräne, sei verneinet,
   Die des Alters Strafloos mir erweinet,
105   Weg! Versiege, Thräne Sünderin!
   Laura will, daß meine Kraft entweiche,
   Daß ich zitternd unter dieser Sonne schleiche,
      Die des Jünglings Adlergang gesehn? —
   Daß des Busens lichte Himmelsflamme
110 Mit erfrornem Herzen ich verdamme,
   Daß die Augen meines Geists verblinden,
   Daß ich fluche meinen schönsten Sünden?
      Nein! versiege, Thräne Sünderin! —
   Brich die Blume in der schönsten Schöne,
115 Lösch, o Jüngling mit der Trauermiene,
      Meine Fakel weinend aus!
   Wie der Vorhang an der Trauerbühne
   Niederrauscht bei der schönsten Scene,
      Fliehn die Schatten — und noch schweigend horcht das Haus. —

                                                          Y).

38
Die Pest, eine Fantasie

Gräßlich preisen Gottes Kraft
Pestilenzen, würgende Seuchen,
Die mit der grausen Brüderschaft
Durchs öde Thal der Grabnacht schleichen.

5   Bang ergreifts das klopfende Herz,
Gichtrisch zukt die starre Sehne,
Gräßlich lacht der Wahnsinn in das Angstgestöhne,
In heulende Triller ergeußt sich der Schmerz.

Raserei wälzt tobend sich im Bette —
10 Gift'ger Nebel wallt um ausgestorbne Städte,
Menschen — hager — hohl und bleich —
Wimmeln in das finstre Reich.
Brütend liegt der Tod auf dumpfen Lüften,
Häuft sich Schäze in gestopften Grüften,
15 Pestilenz sein Jubelfest.
Leichenschweigen — Kirchhofstille
Wechseln mit dem Lustgebrülle,
Schröcklich preiset Gott die Pest.

Y.

39
Das Muttermal

Mann

Sieh, Schäzchen, wie der Bub mir gleicht,
Selbst meine Narbe von den Poken!

Frau

Mein Engel, das begreif ich leicht,
Bin auch 'nmal recht an dir erschroken.

Kr.

40
Monument Moors des Räubers

Vollendet!
Heil dir! Vollendet!
Majestätischer Sünder!
Deine furchtbare Rolle vollbracht!

---

38 Anth. s. 173. 174
39 Anth. s. 174
40 Anth. s. 177—180

    Hoher Gefallener!
  Deines Geschlechts Beginner und Ender!
  Seltner Sohn ihrer schröklichsten Laune,
  Erhabner Verstoß der Mutter Natur!

  Durch wolkigte Nacht ein prächtiger Bliz!
  Hui! hinter ihm schlagen die Pforten zusammen!
  Geizig schlingt ihn der Rachen der Nacht!
    Zuken die Völker
   Unter seiner verderbenden Pracht!
    Aber Heil dir! vollendet!
    Majestätischer Sünder!
  Dein furchtbare Rolle vollbracht!

    Modre — verstieb
  In der Wiege des offnen Himmels!
  Fürchterlich jedem Sünder zur Schau,
    Wo dem T h r o n g e g e n ü b e r
  Heißer Ruhmsucht f u r c h t b a r e S c h r a n k e steigt!
  Siehe! der Ewigkeit übergibt dich die Schande!
    Zu den Sternen des Ruhms
  Klimmst du auf den Schultern der Schande!
  Einst wird unter dir auch die Schande zerstieben,
  Und dich reicht — die Bewunderung.

  Nassen Auges an deinem schauernden Grabe
    Männer vorüber —
   Freue dich der Thräne der Männer,
    Des Gerichteten Geist!
  Nassen Auges an deinem schauernden Grabe
    Jüngst ein Mädchen vorüber,
   Hörte die furchtbare Kunde
  Deiner Thaten vom steinernen Herold,
  Und das Mädchen — freue dich! freue dich!
    Wischte die Thräne nicht ab.
  Ferne stand ich — sah die Perle fallen,
   Und ich rief ihr: Amalia!

    Jünglinge! Jünglinge!
  Mit des G e n i e s gefährlichem Aetherstral
    Lernt behutsamer spielen!
  Störrig knirscht in den Zügel das Sonnenroß;
    Wie's am Seile des Meisters
  Erd und Himmel in sanfterem Schwunge wiegt,
   Flammts am kindischen Zaume
   Erd und Himmel in lodernden Brand.
    Unterging in den Trümmern
    Der muthwillige Phaeton!

   Kind des himmlischen Genius,
   Glüendes thatenlechzendes Herz!
  Reizet dich das Mal meines Räubers?
  War wie du gluenden thatenlechzenden Herzens,
  War wie du des himmlischen Genius Kind.
    Aber du lächelst und gehst —

55 Dein Blik durchfliegt den Raum der Weltgeschichte,
Moorn den Räuber findest du nicht —
Steh und lächle nicht, Jüngling!
Seine Sünde lebt — lebt seine Schande,
Räuber Moor nur, ihr Name, nicht.

Vom Verfasser der Räuber.

41
Morgenfantasie

Frisch athmet des Morgens lebendiger Hauch,
Purpurisch zukt durch düstre Tannenrizen
Das junge Licht und äugelt aus dem Strauch,
In goldnen Flammen blizen
5   Der Berge Wolkenspizen,
Mit freudig melodisch gewirbeltem Lied
  Begrüßen erwachende Lerchen die Sonne,
  Die schon in lachender Wonne
Jugendlichschön in Auroras Umarmungen glüht.

10   Sei, Licht, mir gesegnet!
    Dein Stralenguß regnet
Erwärmend hernieder auf Anger und Au.
    Wie silberfarb flittern
    Die Wiesen, wie zittern
15 Tausend Sonnen in perlendem Thau!

    In säuselnder Kühle
    Beginnen die Spiele
    Der jungen Natur,
    Die Zephyre kosen
20   Und schmeicheln um Rosen,
Und Düfte beströmen die lachende Flur.

Wie hoch aus den Städten die Rauchwolken dampfen!
Laut wiehern und schnauben und knirschen und strampfen
    Die Rosse, die Farren;
25   Die Wagen erknarren
    Ins ächzende Thal.
    Die Waldungen leben,
Und Adler und Falken und Habichte schweben
Und wiegen die Flügel im blendenden Stral.

30   Den Frieden zu finden,
    Wohin soll ich wenden
    Am elenden Stab?
    Die lachende Erde
    Mit Jünglingsgebärde
35   Für mich nur ein Grab!

41 Anth. s. 184—186

Steig empor, o Morgenroth und röthe
Mit purpurnem Kusse Hain und Feld!
Säusle nieder, Abendroth, und flöte
Sanft in Schlummer die erstorbne Welt!
40 Morgen — ach! du röthest
    Eine Todenflur,
Ach! und du, o Abendroth, umflöteſt
    Meinen langen Schlummer nur.

                      Y.

42
An Minna

Träum' ich? Ist mein Auge trüber?
Nebelt's mir ums Angesicht?
Meine Minna geht vorüber?
    Meine Minna kennt mich nicht?
5 Die am Arme seichter Laffen
    Blähend mit dem Fächer ficht,
Nimmer satt, sich zu begaffen —
    Meine Minna ist es nicht.

Von dem Sonnenhute niken
10   Stolze Federn, mein Geschenk,
Schlaifen, die den Busen schmüken,
    Rufen: Minna, sei gedenk!
Blumen, die ich selbst erzogen,
    Zieren Brust und Loken noch —
15 Ach, die Brust, die mir gelogen! —
    Und die Blumen blühen doch!

Geh, umhüpft von leeren Schmeichlern!
    Geh! vergiß auf ewig mich!
Ueberliefert feilen Heuchlern,
20   Eitles Weib, veracht' ich dich.
Geh! dir hat ein Herz geschlagen,
    Dir ein Herz, das edel schlug,
Groß genug, den Schmerz zu tragen,
    Daß es einer Hure schlug.

25 Schönheit hat dein Herz verdorben,
    Dein Gesichtgen! schäme dich!
Morgen ist sein Glanz erstorben,
    Seine Rose blättert sich.
Schwalben, die im Lenze minnen,
30   Fliehen, wenn der Nordwind weht,
Buler scheucht dein Herbst von hinnen,
    Einen Freund hast du verschmäht.

In den Trümmern deiner Schöne
    Seh ich dich verlassen gehn,
35 Weinend in die Blumenscene
    Deines Mays zurüke sehn.

42 Anth. s. 190—192

Die mit heißem Liebesgeize
 Deinem Kuß entgegen flohn,
Zischen dem erloschnen Reize,
40 Lachen deinem Winter Hohn.

Schönheit hat Dein Herz verdorben,
 Dein Gesichtgen! schäme dich!
Morgen ist sein Glanz erstorben,
 Seine Rose blättert sich —
45 Ha! wie will ich dann dich höhnen! —
 Höhnen? Gott bewahre mich!
Weinen will ich bittre Thränen,
 Weinen, Minna, über dich!

        M.

43
Elisium
Eine Kantate

Chor

Vorüber die stöhnende Klage!
Elisiums Freudengelage
 Ersäufen jedwedes Ach —
 Elisiums Leben
5 Ewige Wonne, ewiges Schweben,
Durch lachende Fluren ein flötender Bach!

Erste Stimme

Jugendlich milde
Beschwebt die Gefilde
 Ewiger May,
10 Die Stunden entfliehen in goldenen Träumen,
Die Seele schwillt aus in unendlichen Räumen,
Wahrheit reißt hier den Schleyer entzwei.

Zweite Stimme

Unendliche Freude
Durchwallet das Herz.
15 Hier mangelt der Name dem trauernden Leyde,
Sanfter Entzüken nur heißet hier Schmerz.

Dritte Stimme

Hier streket der wallende Pilger die matten
Brennenden Glieder im säuselnden Schatten,
Leget die Bürde auf ewig dahin —
20 Seine Sichel entfällt hier dem Schnitter;
Eingesungen von Harfengezitter,
 Träumt er geschnittene Halmen zu sehn.

Vierte Stimme

Deſſen Fahne Donnerſtürme wallte,
Deſſen Ohren Mordgebrüll umhallte,
²⁵   Berge bebten unter deſſen Donnergang,
Schläft hier linde bei des Baches Rieſeln,
Der wie Silber ſpielet über Kieſeln,
  Ihm verhallet wilder Speere Klang.

Fünfte Stimme

Hier umarmen ſich getreue Gatten,
³⁰ Küſſen ſich auf grünen ſammtnen Matten,
  Liebgekoßt vom Balſamweſt;
Ihre Krone findet hier die Liebe,
Sicher vor des Todes ſtrengem Hiebe,
  Feyert ſie ein ewig Hochzeitfeſt.

                      M.

44
Quirl

Euch wundert, daß Quirls Wochenblatt
Heut um ein Heft gewonnen hat,
Und hörtet doch den Stadtausrufer ſagen,
Daß Brod und Rindfleiſch aufgeſchlagen!

                      O.

45
Die ſchlimmen Monarchen

Euren Preiß erklimme meine Leyer —
Erdengötter — die der ſüſen Feyer
  Anadyomenens ſanft nur klang;
Leiſer um das pompende Getöſe,
⁵ Schüchtern um die Purpurflammen eurer Gröſe
  Zittert der Geſang.

Redet! ſoll ich goldne Saiten ſchlagen,
Wenn, vom Jubelruf empor getragen,
  Euer Wagen durch den Wahlplaz rauſcht?
¹⁰ Wenn ihr, ſchlapp vom eiſernen Umarmen,
Schwere Panzer mit den weichen Roſenarmen
  Eurer Phrynen tauſcht? —

Soll vielleicht im Schimmer goldner Raifen,
Götter, euch die kühne Hymne greifen,
¹⁵   Wo, in myſtiſch Dunkel eingemummt,
Euer Spleen mit Donnerkeilen tändelt,
Mit Verbrechen eine Menſchlichkeit bemäntelt,
  Bis — das Grab verſtummt?

---

44 Anth. s. 198
45 Anth. s. 244—250

Sing ich Ruhe unter Diademen?
Soll ich, Fürsten, eure Träume rühmen? —
  Wenn der Wurm am Königsherzen zehrt,
Weht der goldne Schlummer um den Mohren,
Der den Schatz bewacht an des Pallastes Thoren
  Und — ihn nicht begehrt.

Zeig, o Muse, wie mit Rudersklaven
Könige auf einem Polster schlafen,
  Die gelöschten Blitze freundlich thun,
Wo nun nimmer ihre Launen foltern,
Nimmer die Theaterminotaure poltern,
  Und — die Löwen ruhn.

Auf! Betaste mit dem Zaubersiegel,
Hekate, des Gruftgewölbes Riegel!
  Horch! die Flügel donnern jach zurük!
Wo des Todes Odem dumpfig säuselt,
Schauerluft die starren Loken aufwärts kräuselt,
  Sing ich — Fürstenglük. — —

Hier das Ufer? — Hier in diesen Grotten
Stranden eurer Wünsche stolze Flotten?
  Hier — wo eurer Gröse Flut sich stößt?
Ewig nie dem Ruhme zu erwarmen,
Schmiedet hier die Nacht mit schwarzen Schauerarmen
  Potentaten fest.

Traurig funkelt auf dem Todenkasten
Eurer Kronen, der unperlten Lasten,
  Eurer Szepter undankbare Pracht.
Wie so schön man Moder übergoldet!
Doch nur Würmer werden mit dem Leib besoldet,
  Dem — die Welt gewacht.

Stolze Pflanzen in so niedern Beeten!
Seht doch! — wie mit welken Majestäten
  Garstig spaßt der unverschämte Tod!
Die durch Nord und Ost und West geboten —
Dulden sie des Unholds ekelhafte Zoten,
  Und — kein Sultan droht?

Springt doch auf, ihr störrige Verstummer!
Schüttelt ab den tausendpfundgen Schlummer!
  Siegespauken trommeln aus der Schlacht;
Höret doch, wie hell die Zinken schmettern!
Wie des Volkes wilde Vivat euch vergöttern!
  Könige, erwacht!

Siebenschläfer! — o, so hört die hellen
Hörner klingen und die Doggen bellen!
  Tausendrörigt knallt das Jagdenfeu'r;
Muntre Rosse wiehern nach dem Forste,
Blutig wälzt der Eber seine Stachelborste,
  Und — der Sieg ist eu'r!

  Was ist das? — Auch Fürsten schweigen selber?
Neunfach durch die heulenden Gewölber
  Spottet mir ein schleifend Echo nach —
70 Hört doch nur den Kammerjunker düffeln:
Euch beehrt Madonna mit geheimen Schlüffeln
  In — ihr Schlafgemach!

  Keine Antwort — Ernstlich ist die Stille —
Fällt denn auch auf Könige die Hülle,
75   Die die Augen des Trabanten dekt? —
Und ihr fodert Anbetung in Asche,
Daß die blinde Meze Glük in eure Tasche
  Eine — Welt gestekt?

  Und ihr rasselt, Gottes Riesenpuppen,
80 Hoch daher in kindischstolzen Gruppen,
  Gleich dem Gaukler in dem Opernhaus? —
Pöbelteufel klatschen dem Geklimper,
Aber weinend zischen den erhabnen Stümper
  Seine Engel aus.

85   Ins Gebiet der leiseren Gedanken
Würden — überwänden sie die Schranken —
  Schlangenwirbel eure Mäkler drehn;
Lernt doch, daß, die euren zu entfalten,
Blike, die auch Pharisäerlarven spalten,
90   Von dem Himmel sehn.

  Prägt ihr zwar — Hohn ihrem falschen Schalle! —
Euer Bild auf lügende Metalle,
  Schnödes Kupfer adelt ihr zu Gold —
Eure Juden schachern mit der Münze —
95 Doch wie anders klingt sie über jener Gränze,
  Wo die Waage rollt!

  Deken euch Seraile dann und Schlösser,
Wann des Himmels fürchterlicher Presser
  An des grosen Pfundes Zinsen mahnt?
100 Ihr bezahlt den Bankerott der Jugend
Mit Gelübden und mit lächerlicher Tugend,
  Die — Hanswurst erfand.

  Berget immer die erhabne Schande
Mit des Majestätsrechts Nachtgewande!
105   Bübelt aus des Thrones Hinterhalt!
Aber zittert für des Liedes Sprache,
Kühnlich durch den Purpur bohrt der Pfeil der Rache
  Fürstenherzen kalt!

          Y.

46
Graf Eberhard der Greiner von Wirtemberg
Kriegslied

Ihr — ihr dort auſſen in der Welt,
Die Naſen eingeſpannt!
Auch manchen Mann, auch manchen Held,
Im Frieden gut und ſtark im Feld,
    Gebahr das Schwabenland.

Prahlt nur mit Karl und Eduard,
    Mit Fridrich, Ludewig.
Karl, Fridrich, Ludwig, Eduard
Iſt uns der Graf, der Eberhard,
    Ein Wetterſturm im Krieg.

Und auch ſein Bub, der Ulerich,
    War gern, wo's eiſern klang;
Des Grafen Bub, der Ulerich,
Kein Fußbreit rükwärts zog er ſich,
    Wenns drauf und drunter ſprang.

Die Reutlinger, auf unſern Glanz
    Erbittert, kochten Gift
Und bulten um den Siegeskranz
Und wagten manchen Schwerdertanz
    Und gürteten die Hüft —

Er grif ſie an — und ſiegte nicht
Und kam gepantſcht nach Haus;
Der Vater ſchnitt ein falſch Geſicht,
Der junge Kriegsmann floh das Licht,
    Und Thränen drangen raus.

Das wurmt ihm — Ha! Ihr Schurken, wart!
    Und trugs in ſeinem Kopf.
Auswezen, bei des Vaters Bart!
Auswezen wollt er dieſe Schart
    Mit manchem Städtlerſchopf.

Und Fehd entbrannte bald darauf,
    Und zogen Roß und Mann
Bei Döffingen mit hellem Hauf,
Und heller gings dem Junker auf,
    Und hurra! heiß gings an.

Und unſers Heeres Loſungswort
    War die verlohrne Schlacht:
Das riß uns wie die Windsbraut fort,
Und ſchmiß uns tief in Blut und Mord
    Und in die Lanzennacht.

Der junge Graf voll Löwengrimm
    Schwung ſeinen Heldenſtab,

Wild vor ihm ging das Ungestüm,
Geheul und Winseln hinter ihm,
45 Und um ihn her das Grab.

Doch weh! ach weh! ein Säbelhieb
Sunk schwer auf sein Genik,
Schnell um ihn her der Helden Trieb —
Umsonst! umsonst! erstarret blieb
50 Und sterbend brach sein Blik.

Bestürzung hemmt des Sieges Bahn,
Laut weinte Feind und Freund —
Hoch führt der Graf die Reuter an:
Mein Sohn ist wie ein andrer Mann!
55 Marsch, Kinder! In den Feind!

Und Lanzen sausen feuriger,
Die Rache spornt sie all,
Rasch über Leichen gings daher,
Die Städtler laufen kreuz und queer
60 Durch Wald und Berg und Thal.

Und zogen wir mit Hörnerklang
Ins Lager froh zurük,
Und Weib und Kind im Rundgesang
Beim Walzer und beim Becherklang
65 Lustfeyren unser Glük.

Doch unser Graf — was thät er izt? —
Vor ihm der todte Sohn —
Allein in seinem Zelte sizt
Der Graf, und eine Thräne blizt
70 Im Aug auf seinen Sohn.

Drum hangen wir so treu und warm
Am Grafen, unserm Herrn.
Allein ist er ein Heldenschwarm,
Der Donner rast in seinem Arm,
75 Er ist des Landes Stern.

Drum, ihr dort aussen in der Welt,
Die Nasen eingespannt!
Auch manchen Mann, auch manchen Held,
Im Frieden gut und stark im Feld,
80 Gebahrt das Schwabenland.

W. D.

47
Baurenständchen

Mensch! Ich bitte, guk heraus!
Kleken nicht zwo Stunden,
Steh ich so vor deinem Haus,
Stehe mit den Hunden.

---

47 Anth. s. 260—262

5 S' regnet, was vom Himmel mag,
   S' g'wittert wie zum jüngsten Tag!
       Pudelnaß die Hosen!
   Platschnaß Rok und Mantel, ey!
   Rok und Mantel nagelneu,
10   Alles dieser Loosen!
   Draussen, draussen Sauß und Brauß!
   Mensch! ich bitte, guk heraus!

   Ey zum Henker! guk heraus!
       Löscht mir die Laterne —
15 Weit am Himmel Nacht und Grauß,
       Weder Mond noch Sterne!
   Stoß ich schier an Stein und Stok,
   Reisse Wams und Ueberrok,
       Ach, daß Gott erbarme!
20 Heken, Stauden rings umher,
   Gräben, Hügel kreuz und queer,
       Breche Bein und Arme!
   Draussen, draussen Nacht und Grauß!
   Ey zum Henker! guk heraus!

25 Ey zum Teufel! guk heraus!
       Höre mein Gesuche!
   Beten, Singen geht mir aus,
       Willst du, daß ich fluche?
   Muß ich doch ein Haus Dampf seyn,
30 Fröhr ich nicht zu Stein und Bein,
       Wenn ich länger bliebe?
   Liebe, das verdank ich dir,
   Winterbeulen machst du mir,
       Du vertrakte Liebe!
35 Draussen, draussen Kalt und Grauß!
   Ey zum Teufel! guk heraus!

   Donner alle! Was ist das,
       Das vom Fenster regnet?
   Garstge Hexe, kothignaß
40   Hast mich eingeseegnet!
   Regen, Hunger, Frost und Wind
   Leid ich für das Teufelskind,
       Werde noch gehudelt!
   Wetter auch! Ich pake mich!
45 Böser Dämon, tummle dich,
       Habe satt gedudelt!
   Draussen, draussen Sauß und Brauß!
   Fahre wohl — Ich geh nach Haus!

                              W. D.

48
Die Winternacht

Ade! Die liebe Herrgottssonne gehet,
  Grad über tritt der Mond!
Ade! Mit schwarzem Rabenflügel wehet
  Die stumme Nacht ums Erdenrund.

5 Nichts hör ich mehr durchs winternde Gefilde,
  Als tief im Felsenloch
Die Murmelquell, und aus dem Wald das wilde
  Geheul des Uhus hör ich noch.

Im Wasserbette ruhen alle Fische,
10   Die Schnecke kriecht ins Dach,
Das Hündchen schlummert sicher unterm Tische,
  Mein Weibchen nikt im Schlafgemach.

Euch, Brüderchen von meinen Bubentagen,
  Mein herzliches Willkomm!
15 Ihr sizt vielleicht mit traulichem Behagen
  Um einen teutschen Krug herum.

Im hochgefüllten Dekelglase malet
  Sich purpurfarb die Welt,
Und aus dem goldnen Traubenschaume stralet
20   Vergnügen, das kein Neid vergällt.

Im Hintergrund vergangner Jahre findet
  Nur Rosen euer Blik,
Leicht wie die blaue Knasterwolke schwindet
  Der trübe Gram von euch zurük.

25 Vom Schaukelgaul bis gar zum Doktorhute
  Stört ihr im Zeitbuch um
Und zählt nunmehr mit federleichtem Mute
  Schweißtropfen im Gymnasium.

Wie manchen Fluch — noch mögen unterm Boden
30   Sich seine Knochen drehn —
Terenz erpreßt, troz Herrn Minellis Noten,
  Wie manch verzogen Maul gesehn.

Wie ungestüm dem grimmen Landexamen
  Des Buben Herz geklopft;
35 Wie ihm, sprach izt der Rektor seinen Namen,
  Der helle Schweiß aufs Buch getropft —

Wohl redt man auch von einer — e — gewissen —
  Die sich als Frau nun spreizt,

---

48 Anth. s. 268—271

Und mancher will der Leker baß nun wissen,
  Was doch ihr M a n n baß — gar nicht weißt —

Nun ligt diß all im Nebel hinterm Rüken,
  Und Bube heißt nun Mann,
Und Fridrich schweigt der weiseren Perüken,
  Was einst der kleine Friz gethan —

Man ist — Poz gar! — zum Doktor ausgesprochen,
  Wohl gar — beim Regiment!
Und hat vielleicht, doch nicht zu früh, gerochen,
  Daß Plane — Saifenblasen sind.

Hauch immer zu — und laß die Blasen springen;
  Bleibt nur diß Herz noch ganz!
Und bleibt mir nur — errungen mit Gesängen —
  Zum Lohn ein teutscher Lorbeerkranz!

†.

ANHANG

I

[Widmung der Anthologie. bl. 2—4]

Meinem Prinzipal,
dem Tod,
zugeschrieben.

Großmächtigster Czar alles Fleisches,
Allezeit Vermindrer des Reichs,
Unergründlicher Nimmersatt in der ganzen Natur!

Mit unterthänigstem Hautschauern unterfange ich mich, deiner gefräßigen Majestät klappernde Phalanges zu küssen und dieses Büchlein vor deinem dürren Kalkaneus in Demut niederzulegen. Meine Vorgänger haben immer die Weise gehabt, ihre Sächlein und Päcklein, dir gleichsam recht vorsezlich zum Aerger, hart an deiner Nase vorbei ins Archiv der Ewigkeit transportiren zu lassen, und nicht gedacht, daß sie dir eben dadurch um so mehr das Maul darnach wässern machten, denn auch an dir wird das Sprüchwort nicht zum Lügner: Gestohlen Brod schmeckt gut. Nein! dediziren will ich dir's lieber, so bin ich doch gewiß, daß du's — weit weglegen werdest.

Doch Spaß beiseite! — Ich denke, wir zween kennen uns genauer, denn nur vom Hörensagen. Einverleibt dem äskulapischen Orden, dem Erstgebornen aus der Büchse der Pandora, der so alt ist als der Sündenfall, bin ich gestanden an deinem Altare, habe, wie der Sohn Hamilkars den sieben Hügeln, geschworen unsterbliche Fehde deiner Erbfeindin Natur, sie zu belagern mit Medikamenten Heereskraft, eine Wagenburg zu schlagen um die Stahlische Seele, aus dem Feld zu schlagen mit Sturm die Trozige, die deine Sporteln schmälert und deine Finanzen schwächt, und auf dem Wahlplaz des Archaeus hoch zu bäumen deine mitternächtliche Kreuzstandarte. — Dafür nun (denn eine Ehre ist werth der andern) wirst du mir auswürken den köstlichen Talisman, der mich mit heiler Haut und ganzer Wolle an Galgen und Rade vorübergeleitet —

Jusque datum sceleri —

Ey ja doch! Thue das, goldiger Maezenas; denn siehst du, ich möchte doch nicht gern, daß mir's gienge wie meinen tollkühnen Kollegen und Vettern, die mit Stilet und Sakpuffer bewaffnet in finstern Hohlwegen Hof halten oder im unterirdischen Laboratorium das Wunderpolychrest mischen, das, wenn's hübsch fleißig genommen wird, unsere politische Nasen über kurz oder lang mit Thronvakaturen und Staatsfiebern kizelt. — D'Amiens und Ravaillac! — Hu! hu! hu! — Es ist ein gut Ding um gerade Glieder!

Ob du auch deinen Zahn auf Ostern und Michaelis gewezt hast? — Die grose Bücherepidemie in Leipzig und Frankfurt! — Juch heisa, Dürrer! — wird ein königlich Fressen geben! Deine fertigen Mäkler, Völlerey und Brunst, liefern dir ganze Frachten aus dem Jahrmarkt des Lebens. — Selbst der Ehrgeiz, dein Großpapa, Krieg, Hunger, Feuer und Pest, deine gewaltigen Jäger, haben dir schon so manche fette Menschenklopfjagd gehalten — Geiz und Golddurst, deine mächtigen Kellermeister, trinken dir ganze schwimmende Städte im sprudelnden Kelch des Weltmeers zu. — Ich weiß in Europa eine Küche, wo man dir die rarsten Gerichte mit Festtagsgepränge auf die Tafel gesezt hat — Und doch — wer hat dich je satt gesehen oder über Indigestionen klagen gehört? — Eisern ist deine Verdauung, grundlos deine Gedärme!

Puh — Ich hätte dir noch so manches zu sagen, aber ich tummle mich, daß ich wegkomme — Du bist ein garstiger Schwager — Geh — Du machst dir Rechnung, höre ich, eine Generalcollazion zu erleben, wo dir Groß und Klein, Weltkugeln und Lerika, Philosophieen und Puzwerk in Rachen fliegen sollen — Guten Appetit, wenns so weit kommt! — Doch, Hungerwolf der du bist! siehe zu, daß du dich da nicht überfressest und deinen ganzen Fraß haarklein wiedergeben müssest, wie dir's ein gewisser Athenienser, der dir gar nicht wohl will, prophezeyht hat.

Y.

II

[Vorrede zur Anthologie. bl. 5. 6]

Tobolsko den 2. Februar.

— Tum primum radiis gelidi incaluere Triones. —

„Blumen in Sibirien? — Dahinter stekt eine Schelmerey, oder die Sonne muß Front gegen Mitternacht machen." — Und doch — wenn ihr euch auf den Kopf stelltet! Es ist nicht anders! — Wir haben lange genug Zobel gefangen, laßt's uns einmal auch mit Blumen versuchen. Sind nicht schon Europäer genug zu uns Stiefsöhnen der Sonne gekommen und durch unsern hundertjährigen Schnee gewatet, irgend ein bescheidenes Blümchen zu pflüken? Schande unsern Ahnen — wir wollen sie selbst sammeln und einen ganzen Korb voll nach Europa frankiren. — Zertretet sie nicht, ihr Söhne des milderen Himmels!

Aber im Ernst zu reden — Das eiserne Gewicht des widrigen Vorurtheils, das schwer über dem Norden brütet, von der Stelle zu räumen, foderte einen stärkeren Hebel, als den Enthusiasmus einiger wenigen, und auch ein festeres Hypomochlion, als die Schultern von zween oder drey Patrioten. Doch wenn schon auch diese Anthologie euch lekerhafte Europäer so wenig als — wenn ich den Fall seze — unser Musenalmanach, den wir — wenn ich ja den Fall sezen wollte — hätten können geschrieben haben, mit uns Schneemännern versöhnen wird, so bleibt ihr doch mindestens das Verdienst, Hand in Hand mit ihren Kamerädinnen im weitentlegenen Teutschland dem ausröchelnden Geschmak den G'nikfang geben zu helfen, wie wir Tobolskianer zu sprechen belieben.

Wenn eure Homere im Schlaf reden, und eure Herkules Müken mit ihren Keulen erschlagen — Wenn jeder, der seinen bezahlten Schmerz in Leichenalexandriner auszutropfen versteht, das für eine Vokazion auf den Helikon auslegt — wird man uns Nordländern verdenken, mitunter auch in den Leyerklang der Musen zu klimpern? Eure Matadore wollen Silbergeld gemünzt haben, wenn sie ihr Brustbild auf elendes Meßing prägten; — und zu Tobolsko werden die Falschmünzer aufgehangen. Zwar möcht ihr oft auch bei uns Papiergeld statt rußischen Rubels finden, aber Krieg und theure Zeit entschuldigen alles.

So geh dann hin, Sibirische Anthologie — Geh — du wirst manchen Süßling beseeligen, wirst von ihm auf den Nachttisch seiner Herzeinzigen gelegt werden und zum Dank ihre alabasterne Lilienschneehand seinem zärtlichem Kuß verrathen. — Geh — du wirst in den Assembleen und Stadtvisiten manchen gähnenden Schlund der Langenweile ausfüllen und vielleicht eine Circassienne ablösen, die sich im Plazregen der Lästerung müde gestanden hat. — Geh — du wirst die Küche mancher Kritiker berathen; sie werden dein Licht fliehen und sich gleich den Känzlein in deinen Schatten zurükziehen. — Hu hu hu! — Schon hör ich das ohrzerfezende Geheule im unwirthbaren Forst und hülle mich angstvoll in meinen Zobel.

Y).

III

[Schillers selbstrezension in dem 'Wirtembergischen Repertorium der Litteratur' 1782. Erstes stück. s. 214–216]

Anthologie auf das Jahr 1782.

gedrukt in einer Buchdrukerei zu Tobolsko. Mit einem schönen Apollokopf. 18 Bogen. 8v.

Schon wieder eine wirtembergische Blumenlese? — Sie wachsen nach wie die Köpfe der Hydra! Kaum haben wir einen Kopf von den Schultern gespielt, husch! springt schon ein zweiter, grosser und troziger, aus dem Rumpfe. — Und eine Anthologie aus Tobolsko! Auf was doch die Herren Entrepreneurs nicht alle verfallen! Auch den Norden verschonen sie nicht und beschmuzen das schuldlose Sibirien mit ihrer poetischen Dinte. Warum der Anthologist sein Vaterland verläugnet, mag er wissen. Sonst trompetet er sich mit einem ziemlich brutalen Motto voraus, wenn es anders nicht Anspielung ist: „Tum primum radiis gelidi incaluere Triones". In der Vorrede wird verhoffentlich über die andern Musensammlungen (doch hie und da nicht mit Unrecht) geschimpft und auf den schwäbischen Almanach, als den Amtsbruder, spöttisch gescheelt. Der Herausgeber mag dem Herrn Städele nicht hold seyn und zupft ihn, wo er kann; mag er recht haben oder nicht, uns mißfällt diese beiderseits läppische Zänkerei. Das Buch wird dem Tod zugeschrieben, und der Autor verräth sich, daß er ein Arzt ist.

Die Gedichte selbst sind nicht alle von den gewöhnlichen; acht an Laura gerichtet, in einem eigenen Tone, mit brennender Fantasie und tiefem Gefühl geschrieben, unterscheiden sich vortheilhaft von den übrigen. Aber überspannt sind sie alle und verrathen eine allzuunbändige Imagination; hie und da bemerke ich auch eine schlüpfrige sinnliche Stelle in platonischen Schwulst verschleyert. Das Gedicht an Rousseau, die Elegie auf einen Jüngling, an die Sonne, an Gott, Grösse der Welt, in einer Bataille, die Freundschaft, Fluch eines Eifersüchtigen, die schlimmen Monarchen u. s. f. enthalten starke, kühne und wahrpoetische Züge. Zärtlichweich und gefühlvoll sind die Kindsmörderin, der Triumf der Liebe (wahrscheinlich auf Veranlassung der Nachtfeier der Venus von Bürger geschrieben), an mein Täubchen, an Minna, Morgenfantasie, der Unterschied, an Fanny, an den Frühling. In einigen andern, als z. E. dem Fragment an einen Moralisten, vorzüglich den Kastraten und Männern, der Vergleichung und einigen Sinngedichten fällt ein schlüpfriger Wiz und petronische Unart auf. Einige darunter sind launisch und satyrisch, als Bacchus im Triller, der hypochondrische Pluto, die Rache der Musen, Baurenständchen u. s. f. Doch sehr oft ist der Wiz auch gezwungen und ungeheuer. Im ganzen sind fast alle Gedichte zu lang, und der Kern des Gedankens wird von langweiligen Verzierungen überladen und erstikt. Die meisten der Sinngedichte scheinen mehr da zu seyn, die Lüken zwischen grössern auszufüllen, und sagen nichts. Der wirthschaftliche Tod, an den Galgen zu schreiben, Spinoza, die alten und neuen und einige wenige sind treffend und gut. Auch merke ich, daß sich ein Verfasser hinter mehrere Anfangsbuchstaben verschanzt hat. Er hat bei manchen Gedichten wohl gethan, aber sogar fein ist dieses Stratagem eben nicht ausgefallen. Viele Stellen sind von edelm Freiheitsgeiste belebt, und feile Lobreden findet man hier nicht. Eine strengere Feile wäre indeß durchaus nöthig gewesen, und überhaupt unter den Gedichten selbst eine strengere Wahl — aber das Buch mußte eben dick werden und seine achtzehn Bögen haben, was kümmert es den Anthologisten, ob er unter die Narzissen und Nelken auch hie und da Stinkrosen und Gänseblumen bindet? — Dessen ungeachtet hat diese Sammlung manche ihrer Schwestern in Schatten gestellt, und zu wünschen wäre es immer, daß Teutschland mit keiner schlechtern heimgesucht würde. Möchten sich doch unsere junge Dichter überzeugen, daß Ueberspannung nicht Stärke, daß Verlezung der Regeln des Geschmaks und des Wohlstands nicht Kühnheit und Originalität, daß Fantasie nicht Empfindung, und eine hochtrabende Ruhmredigkeit der Talisman nicht sey, von welchem die Pfeile der Kritik splitternd zurükprellen! — möchten sie zu den alten Griechen und Römern wieder in die Schule gehen und ihren bescheidenen Kleist, Uz und Gellert wieder zur Hand nehmen! — möchten sie — doch was sollten sie nicht alle mögen! Unsere modischen Skribenten wissen gar zu gut, was sie dem gegenwärtigen Geschmak auftischen müssen, um Entree zu bekommen. — Diese Anthologie scheint sich jedoch, wenn sie die Absicht, jedermänniglich zu gefallen, hätte, schlimm betrogen zu finden: denn der darinn herrschende Ton ist durchaus zu eigen, zu tief und zu männlich, als daß er unsern zukersüßen Schwäzern und Schwäzerinnen behagen könnte.

Gz.

IV

[Vorrede des verlegers Metzler zur zweiten auflage 1798]

Anthologie auf das Jahr 1782. Herausgegeben von Friedrich Schiller. Stuttgart, bei Johann Benedikt Mezler. [1798.] 8°. 9 bl. + 271 s.

[Vorrede des verlegers. bl. 2:]

Schiller, dessen Namen der Deutsche, wie die Namen Klopstock, Göthe und Wieland mit patriotischem Stolz' und Ehrerbietung ausspricht, gründete seinen Ruhm schnell und auf immer. Nächstens erhalten wir an seinem Wallenstein ein neues Meisterwerk. Wenn nun auch die frühsten Begeisterungs-Produkte eines vortreflichen Schriftstellers überhaupt an sich und besonders in so fern stets merkwürdig bleiben, als die Leser schon in den frühesten Jünglings-Versuchen das „os magna sonaturum" erkennen und nur desto mehr staunen müssen, wie rasch und zu welcher Höhe sich sein Genius aufschwang; so hoft der Verleger der Schillerischen Anthologie auf das Jahr 1782, den Dank des Publikums zu verdienen, wenn er sie unter ihrer wahren Firma in den Buchhandel bringt, und so die vielen Liebhaber des langen Fragens und Suchens von diesem Buch, das wegen des verschwiegenen Namens des Herausgebers und des erdichteten Drukorts nicht allgemein bekannt worden ist, mit Einemmal' überhebt. Vorzüglich die mit M. P. W. und Y. bezeichneten Gedichte sind von Schiller. Vielleicht findet der Herr Verfasser mehrere derselben der Aufnahme in eine künftige Sammlung seiner Werke nicht unwürdig.

Ostermesse 1798.

V

Die verfasser der Anthologie

a) Chiffern

A. Schiller	L. Petersen	W. Schiller
B. Schubart[1]	M. Schiller	W.D. Schiller
Bn. Petersen	O. Schiller	X. Abel
C. Petersen	P. Petersen	Y. Schiller
G. Haug	v.R. Schiller	Z. Petersen
H... Hoven	Rr. Schiller	*. Schiller
Ha. Haug	T. Schubart der sohn	†. Schiller
Hr. Hoven	U. Haug	

b) Namen

Abel: X.
Haug: G. Ha. U.
Hoven: H... Hr.
Petersen: Bn. C. L. P. Z.
Schiller: A. M. O. v.R. Rr. W. W.D. X. Y. *. †.
Schubart: B.
Schubart der sohn: T.

---

1) Dagegen neuerdings: NESTRIEPKE, Schubart als Dichter. Pössneck 1910. s. 225 f., ohne aber eine neue lösung gefunden zu haben.

Register der gedichtanfänge

Seite

Ade! Die liebe Herrgottssonne gehet	63
Banges Stöhnen, wie vor'm nahen Sturme	12
Betagter Renegat der lächelnden Dione	32
Der Name Wirtemberg	49
Die der schaffende Geist einst aus dem Chaos schlug	42
Entzweit mit einem Favoriten	31
Euch wundert, daß Quirls Wochenblatt	57
Euren Preiß erklimme meine Leyer	57
Ewig starr an deinem Mund zu hangen	44
Frau Ramlerin befiehlt, ich soll sie wem vergleichen	29
Freund! genügsam ist der Weltenlenker	47
Frisch athmet des Morgens lebendiger Hauch	54
Gewiß! bin ich nur überm Strome drüben	29
Gräßlich preisen Gottes Kraft	52
Hier ligt ein Eichbaum umgerissen	19
Horch — die Gloken weinen dumpf zusammen	19
Horch — ein Murmeln des empörten Meeres	47
Hört, Nachbar, muß euch närrisch fragen	29
Ich bin ein Mann! — wer ist es mehr	38
Ihr — ihr dort außen in der Welt	60
Laura — Sonnenaufgangsglut	49
Laura, über diese Welt zu flüchten	17
Mädchen, halt — wohin mit mir, du Lose	36
Meine Laura! Nenne mir den Wirbel	5
Mensch! Ich bitte, guk heraus	61
Mir kam vor wenig Tagen	3
Mit erstorbnem Scheinen	33
Monument von unsrer Zeiten Schande	16
Nicht ins Gewühl der rauschenden Redouten	23
Preis dir, die du dorten heraufstrahlst, Tochter des Himmels	8
Religion beschenkte diß Gedicht	38
Schöne Frühlingskinder, lächelt	43
Schwer und dumpfig, eine Wetterwolke	22
Seelig durch die Liebe	25
Sieh, Schäzchen, wie der Bub mir gleicht	52
Träum' ich? Ist mein Auge trüber	55
Trille! Trille! blind und dumm	6
Vollendet! Heil dir! Vollendet	52
Vorüber die stönende Klage	56
Vorüber war der Sturm, der Donner Rollen	11
Wart! Deine Frau soll dich betrügen	35
Weinend kamen einst die Neune	30
Wenn dein Finger durch die Saiten meistert	9
Weß Geistes Kind im Kopf gesessen	33
Wie die Himmelslüfte mit den Rosen	38
Willkommen, schöner Jüngling	41
Zum neuen Leben ist der Tode hier erstanden	36
Zwischen Himmel und Erd, hoch in der Lüfte Meer	42

Inhalt

Nr.		Seite	Nr.		Seite
	Einleitung des herausgebers .	2	27	Die Messiade. Rr.	38
1	Die Journalisten und Minos. 1781. Y.	3	28	Kastraten und Männer. O.	38
			29	An den Frühling. M.	41
2	Fantasie an Laura. Y.	5	30	Hymne an den Unendlichen. Y.	42
3	Bacchus im Triller. W.D.	6	31	Die Gröse der Welt. Y.	42
4	An die Sonne. W.	8	32	Meine Blumen. Y.	43
5	Laura am Klavier. Y.	9	33	Das Geheimniss der Reminiszenz. An Laura. Y.	44
6	Die Herrlichkeit der Schöpfung. Eine Fantasie. W.	11	34	Gruppe aus dem Tartarus. Y.	47
7	Elegie auf den Tod eines Jünglings. Y.	12	35	Die Freundschaft. Y.	47
			36	Der Wirtemberger. O.	49
8	Rousseau. M.	16	37	Melancholie, an Laura. Y.	49
9	Die seeligen Augenblike, an Laura. Y.	17	38	Die Pest, eine Fantasie. Y.	52
			39	Das Muttermal. Rr.	52
10	Spinoza. O.	19	40	Monument Moors des Räubers. Vom Verfasser der Räuber.	52
11	Die Kindsmörderin. Y.	19			
12	In einer Bataille, von einem Offizier. v.R.	22	41	Morgenfantasie. Y.	54
			42	An Minna. M.	55
13	An die Parzen. Y.	23	43	Elisium. Eine Kantate. M.	56
14	Der Triumf der Liebe, eine Hymne. Y.	25	44	Quirl. O.	57
			45	Die schlimmen Monarchen. Y.	57
15	Klopstok und Wieland. A.	29	46	Graf Eberhard der Greiner von Wirtemberg. Kriegslied. W.D.	60
16	Gespräch. O.	29			
17	Vergleichung. O.	29	47	Baurenständchen. W.D.	61
18	Die Rache der Musen, eine Anekdote vom Helikon. *.	30	48	Die Winternacht. †.	63
				Anhang	
19	Das Glük und die Weisheit. Rr.	31	I	Widmung der Anthologie	65
20	An einen Moralisten. Fragment. M.	32	II	Vorrede der Anthologie	66
			III	Schillers selbstrezension der Anthologie	67
21	Grabschrift eines gewissen — Physiognomen. O.	33	IV	Vorrede des verlegers zur zweiten auflage	69
22	Eine Leichenfantasie. 1780. Y.	33			
23	Aktäon. O.	35	V	Die verfasser der Anthologie, nach chiffern und namen geordnet	69
24	Zuversicht der Unsterblichkeit. O.	36			
25	Vorwurf, an Laura. Y.	36		Register der gedichtanfänge	70
26	Ein Vater an seinen Sohn. W.	38			